The Japanese Language

ホテル日本語

상황별 접객 일본어의 묘미

호텔서비스 실무 일본어

김홍길 저

(주)백산출판사

머리말

본 교재는 호텔이나 레스토랑 및 식음료업계에 종사하는 분이나, 향후 이 분야로 진출을 희망하는 학생들을 위한 일본어 교재이다.

어느 정도 일본어로 말할 수 있는 사람이라도 고객과의 대화에서 존경어와 겸양어를 적절하게 사용하는 것은 어려운 일이다. 자신이 말하는 표현에서 문법적으로 문제가 없어도 실무에서는 듣기 거북한 표현이나 고객에게 격식을 갖추지 못한 표현을 사용하는 경우도 있을 수 있다. 접객일본어회화는 일본어 회화 중에서도 품격이 있는 정중한 표현을 사용한다. 따라서 윗분이나 중요한 분을 접대하는 경우 일반적인 회화보다는 기본적인 접객일본어회화가 필요하다. 호텔이나 레스토랑 및 식음료업계에 종사하는 분이 이 책으로 공부한다면 정중한 기본표현과 회화의 진행방법에 주의하길 바란다. 이 책에서는 실무에서 자주 사용되는 접객회화 표현이 종종 나올 것이다. 또 각각의 장면에서 직원이 고객을 대하는 표현을 소리 내어 연습하면 표현력이 조금씩 향상될 것이다. 이를 온전히 자신의 것으로 만들어 일본어 표현을 상황별로 사용할 수 있다면 이것이야말로 접객 일본어의 묘미라 말할 수 있을 것이다.

끝으로 이 책을 출판할 수 있게 도와주신 (주)백산출판사 관계자 분들께 진심으로 감사의 뜻을 전하고 싶다.

저자

차례

PART 1 식음료(레스토랑)

PART 2 객실 예약

PART 3 객실 서비스

PART 4 프런트 데스크

PART 5 숙박 등록

PART 6 벨 맨

PART
1

식음료(레스토랑)

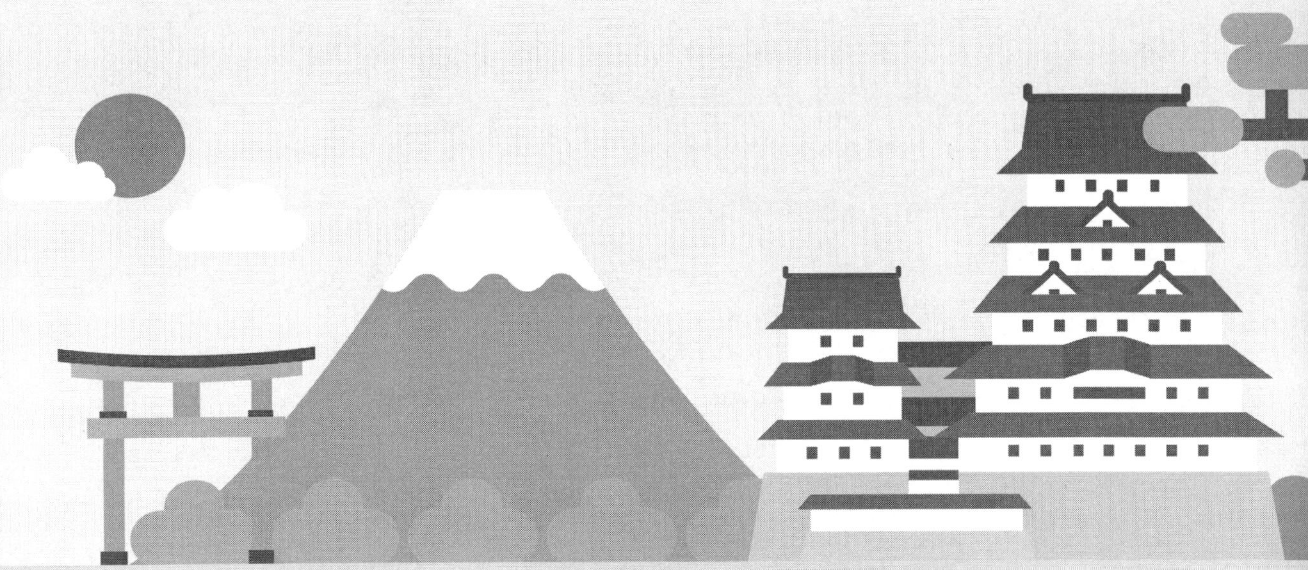

식음료 부문 종사자들은 음료나 식사의 제공 이외에도 고객의 욕구를 정확하게 파악하고 만족을 줄 수 있는 자세가 필요하다.

해외여행에서 특히 그 나라의 문화나 음식에 익숙하지 않을 경우, 대부분의 손님들이 생선요리나 소고기 스테이크를 주문한다. 먼저 수프는 위에 부담을 주지 않고 식욕을 촉진시키기 위해 제공되는 것이며 레스토랑마다 독특한 수프를 제공하기도 한다. 생선요리는 소화가 잘되기 때문에 주로 수프 다음에 제공되는데 종교적으로 육식을 금하거나 가톨릭 신자들은 금요일 점심에 주로 생선요리를 먹기 때문에 대부분의 레스토랑에서는 금요일 점심메뉴에는 주로 와인과 함께 생선요리를 제공하고 있다. 스테이크는 손님의 식성에 따라 굽는 정도도 달라지고 스테이크에 맞는 와인도 제공한다. 디저트는 단맛이 나는 스위트, 세보리, 과일 등이 주류를 이루고 메인 디시 다음에 손님의 요구에 따라 제공된다.

훌륭한 서비스란 이 모든 것을 고객의 입장에서 배려할 줄 아는 자세와 고객의 자존심을 상하지 않게 하면서 음식에 대해 자세하게 설명할 줄 아는 것이다. 그래야만 고객만족이 아닌 진정한 고객감동을 실현할 수 있다.

레스토랑 예약 사례 1

係(かか)り : ホテル釜山レストランでございます。

客(きゃく) : ランチの時間は何時から何時までですか。

係(かか)り : 12時から午後2時まででございます。

客(きゃく) : 予約は必要ですか。

係(かか)り : はい。必要でございます。

客(きゃく) : 12時に予約を入(い)れて下さい。

係(かか)り : 少々お待ち下さいませ。今日のご予約でございましょうか。

客(きゃく) : はい。そうです。

係(かか)り : 申し訳ございませんが、そのお時間は満席(まんせき)になっておりますが、
1時以降(いこう)でしたら ご予約が可能でございます。

客(きゃく) : じゃ、1時にお願いします。

係(かか)り : ありがとうございます。

레스토랑 예약 사례 1

韓国語訳

담당 : 부산호텔 레스토랑입니다.

손님 : 점심시간은 몇 시부터 몇 시까지 입니까?

담당 : 12시부터 오후 4시까지로 되어 있습니다.

손님 : 예약은 필요합니까?

담당 : 예, 필요합니다.

손님 : 12시로 예약해 주세요.

담당 : 잠시만 기다려주십시오.
오늘 예약이십니까?

손님 : 예, 그렇습니다.

담당 : 죄송합니다만, 그 시간에는 좌석이 다 찼습니다만,
1시 이후라면 예약이 가능합니다.

손님 : 그럼 1시로 부탁합니다.

담당 : 감사합니다.

레스토랑 예약 사례 2

係り ： 割烹、「衣草」でございます。

客 ： 衣草ですよね。今日は何時から開きますか。

係り ： 10時でございます。何名様でございますか。

客 ： 12名になると思います。6時ごろの会食の予定なのですが、

係り ： 別にお部屋をご用意致しましょうか。

客 ： うん、それはいいですね。

窓側の景色のいい所をお願いします。

…では、6時までに行くと思います。

係り ： かしこまりました。お電話ありがとうございます。

레스토랑 예약 사례 2

韓国語訳

담당 : 일식전문, 「이구사」 레스토랑입니다.

손님 : 레스토랑입니까? 오늘 몇 시부터 문을 엽니까?

담당 : 10시입니다. 몇 분이십니까?

손님 : 12명이라고 생각합니다. 6시쯤 회식 예정입니다만,

담당 : 별도의 룸을 이용하시겠습니까?

손님 : 예, 그것 좋네요. 창가 쪽 경치 좋은 자리로 부탁합니다.
그럼 6시까지 가겠습니다.

담당 : 알겠습니다. 전화 주셔서 감사합니다.

新しい単語(あたらしいたんご)

- 会食(かいしょく) : 회식
- 予定(よてい) : 예정
- 何名様(なんめいさま) : 몇 분
- 窓側(まどがわ) : 창가 쪽
- 割烹(かっぽう) : 정통 일식요리
- でございます。: (です의 정중한 겸양 표현)
- ございます。: (あります의 정중한 겸양 표현)
- ご+한자어+する (致す) : 겸양표현 ~하겠습니다.
- お+동사ます형+する (致す) : 겸양표현 ~하겠습니다.

좌석 배정 사례

係(かか)り ： いらっしゃいませ。ご予約でございますか。

客(きゃく) ： はい。私は井上と申しますが、

3人用(よう)テーブルの予約をしたいのですが、

係(かか)り ： 3名様でございますね。ご案内致します。

こちらのお席(せき)でよろしいでしょうか。

客(きゃく) ： けしきの見える所がいいのですが、変えていただけますか。

係(かか)り ： 申し訳ございませんが、できかねます。

ほかはすべて満席(まんせき)となっております。

좌석 배정 사례

韓国語訳

담당 : 어서 오십시오. 예약하시겠습니까?

손님 : 예, 저는 井上라고 합니다만, 3인용 테이블 예약을 하고 싶은데요,

담당 : 3분이십니까? 안내하겠습니다. 이쪽 자리는 어떠십니까?

손님 : 경치가 보이는 곳이 좋습니다만, 바꿔 주시겠습니까?

담당 : 죄송합니다만, 불가능합니다.
다른 곳은 전부 만석입니다.

新しい単語

- 席(せき) : 자리
- 見える : 보이다.
- よろしい (よい/いい 좋다의 겸양)
- ～と申します。 : ～라(고)합니다.
- すべて : 모두, 전부
- 동사 ます형＋희망의 표현 たい : ～ 하고 싶다.
- 동사 ます형＋かねる : ～하기 어렵다, 곤란하다.
  できかねます : 불가능합니다. (できる 할 수 있다.)
- 동사ます형＋て(で)いただけますか。 : ～해 받을 수 있겠습니까? (겸양)
- 동사ます형＋て(で)下さいますか。 : ～해 주시겠습니까? (존경)

좌석 안내 사례

係(かか)り ： いらっしゃいませ。何名様でございますか。

客(きゃく) ： 2名です。

係(かか)り ： ご予約はされていらっしゃいましたか。

客(きゃく) ： いいえ。

係(かか)り ： 私がご案内致します。

客(きゃく) ： ええ。

係(かか)り ： こちらへ どうぞ。

客(きゃく) ： いい席ですね。ありがとうございます。

係(かか)り ： コートをお預(あず)かり致しましょうか。

係(かか)り ： ええ、お願いします。

係(かか)り ： メニューはこちらです。お食事の前にワインはいかがでございますか。

客(きゃく) ： いいですね。ハウスワインをお願いします。

係(かか)り ： かしこまりました。

좌석 안내 사례

韓国語訳

담당 : 어서 오십시오. 몇 분이십니까?

손님 : 2명입니다.

담당 : 예약은 되어 있으십니까?

손님 : 아니요.

담당 : 제가 안내하겠습니다.

손님 : 예.

담당 : 이쪽으로 앉으십시오.

손님 : 좋은 자리네요. 감사합니다.

담당 : 코트를 받아드릴까요?

손님 : 예, 부탁합니다.

담당 : 메뉴, 여기 있습니다.
식사하시기 전에 와인은 어떠십니까?

손님 : 좋아요. 하우스와인으로 주세요.

담당 : 알겠습니다.

좌석 대기 안내 사례

係(かか)り ： おはようございます。

客(きゃく) ： おはようございます。窓側(まどがわ)の席は空(あ)いていますか。

係(かか)り ： 只今(ただいま)、窓側(まどがわ)のお席は空きがございません。

客(きゃく) ： じゃあ、ほかは空いていますか。

係(かか)り ： 申し訳ございませんが、満席となっております。お待ちになりますか。

客(きゃく) ： はい．そうします。待ち時間はどれぐらいですか。

係(かか)り ： 20分程度(ていど)でございます。お席が空(あ)き次第(しだい)ご案内致します。

좌석 대기 안내 사례

韓国語訳

담당 : 안녕하십니까?
손님 : 안녕하세요? 창가 좌석은 비어 있습니까?
담당 : 지금 창가쪽 빈 자리는 없습니다.
손님 : 그럼 다른 곳은 비어 있습니까?
담당 : 죄송합니다만, 만석입니다. 기다리시겠습니까?
손님 : 예, 그러지요. 얼마나 기다려야 합니까?
담당 : 20분 정도입니다. 자리가 비는 즉시 안내하겠습니다.

新(あたら)しい単語(たんご)

- 注文(ちゅうもん) : 주문
- 飲(の)み物(もの) : 음료
- 명사+次第(しだい) : ~여하에 달렸다.
- 只今(ただいま) : 지금, 현재
- 空(あ)く : 비어있다. (空(あ)き 빈곳, 빈 공간)
- 동사 マス형은 명사로 활용 가능 (休み 주말, 휴일)
- 동사 マス형+次第(しだい) : ~하는 대로 곧장
- お+동사 マス형+になる : ~하시다. (존경표현)
  お待ちになる : 기다리시다.

음료와 관련된 단어

- サイダー ： 사이다
- ミルク ： 우유
- お茶 ： 차
- コーヒー ： 커피
- コーラ ： 콜라
- ウーロン茶 ： 우롱차
- オレンジジュース ： 오렌지 주스
- 紅茶 ： 홍차

주문을 받거나 서빙할 때 사용하는 표현

- 어서 오십시오, 몇 분이십니까?

  いらっしゃいませ。何名様でございますか?
- 금연석으로 하시겠습니까? 아니면 흡연석으로 하시겠습니까?

  禁煙席になさいますか、それとも喫煙席になさいますか?
- 주문하시겠습니까?

  ご注文はお決まりでしょうか?
- 오늘 추천요리는 ~입니다.

  今日のおすすめは~でございます。
- 결정되시면 불러 주십시오.

  お決まりでしたらおよびください。
- 밥으로 하시겠습니까? 빵으로 하시겠습니까?

  ライスになさいますか。パンになさいますか。
- 음료는 어떤 것으로 준비할까요?

  お飲み物は何になさいますか。

- 수프는 야채 수프와 크림 수프가 있습니다만,
  スープは野菜スープとクリームスープがございます、
- 주문하신 것 나왔습니다. (오래 기다렸습니다)
  お待たせいたしました。
- 자, 이제 드셔도 됩니다.
  どうぞ、お召しあがりください。
- 더 필요한 것 있으십니까?
  ご注文は以上でよろしいでしょうか。
- 죄송합니다. 다시 갖다 드리겠습니다.
  申し訳ありません。すぐ、持って参ります。(お持ちいたします)
- 손님, 후식이 나왔습니다.
  お客様、デザートをお持ちいたしました。
- 예약은 언제부터 / 언제까지 이십니까?
  ご予約は (いつから/いつまで) でございますか。
- 고객님의 성함과 연락처를 부탁드립니다.
  お客様のお名前とご連絡先をお願いいたします。
- 접시를 정리해 드리겠습니다.
  お皿(さら)をおさげいたします/片付(かたづ)けましょうか。
- 코트를 보관해 드릴까요?
  コートをお預かりいたします。(ましょうか)
- 담배를 피우십니까?
  タバコを　すわれますか。
- 가능하면 창가 쪽을 부탁합니다.
  できれば　まどがわの　ほうを　おねがいします。

식사 주문 사례 1

係り ： おはようございます。ご注文でございますか。

客 ： モーニングバイキングをお願いします。

係り ： かしこまりました。お飲み物はいかがなさいますか。

客 ： コーヒーでお願いします。

係り ： コーヒーはどのように致しましょうか。

客 ： ブラックでお願いします。

식사 주문 사례 1

韓国語訳

담당 : 안녕하십니까? 주문하시겠습니까?

손님 : 조식뷔페를 부탁합니다.

담당 : 알겠습니다. 음료는 어떻게 하시겠습니까?

손님 : 커피로 부탁합니다.

담당 : 커피는 어떻게 해드릴까요?

손님 : 블랙으로 해주세요.

新しい単語

- コーヒー : 커피
- ブラック : 블랙
- どのように (いかが) : 어떻게

식사 주문 사례 2

係(かか)り ： おはようございます。ご注文はお決(き)まりでしょうか。

客(きゃく) ： 卵(たまご)とトーストをお願いします。

係(かか)り ： どういった形(かたち)に致しましょうか。

客(きゃく) ： 卵は片面(かためん)だけ焼(や)いて、トーストは軽(かる)く焼いて下さい。

係(かか)り ： はい。そしてソーセージとベーコンの中で一つ御選(おえら)び下さい。

客(きゃく) ： ベーコンをお願いします。カリカリにやいてください。

係(かか)り ： かしこまりました。あとは、ポテトとシリアル、どちらかを御選(おえら)び下さいませ。

客(きゃく) ： ポテトをお願いします。

係(かか)り ： かしこまりました。お飲み物はコーヒーになさいますか。
それとも紅茶になさいますか。

客(きゃく) ： ミルクティーにして下さい。

係(かか)り ： お待たせ致しました。ごゆっくりお召(め)し上(あ)がり下さい。
コーヒーやジュースのお代わりをなさる時はお呼び下さい。

客(きゃく) ： ありがとうございます。そうしますよ。

식사 주문 사례 2

韓国語訳

담당 : 안녕하십니까? 주문은 결정하셨습니까?

손님 : 계란과 토스트를 주세요.

담당 : 어떻게 해 드릴까요?

손님 : 계란은 한 면만 굽고, 토스트는 살짝 구워주세요.

담당 : 예. 그리고 소시지나 베이컨 중에서 하나를 선택해 주십시오.

손님 : 베이컨으로 부탁합니다. 바삭바삭하게 구워주세요.

담당 : 알겠습니다. 다음은 감자와 시리얼 중에서 골라주십시오.

손님 : 감자로 하겠어요.

담당 : 알겠습니다. 음료는 커피로 하시겠습니까?
아니면, 홍차로 하시겠습니까?

손님 : 크림을 탄 홍차로 주세요.

손님 : 오래 기다리셨습니다. 천천히 드십시오.

담당 : 커피나 주스가 더 필요하시면 절 부르십시오.

손님 : 고마워요. 그렇게 할게요.

新しい單語

- トースト : 토스트
- ミルクティー : 크림 탄 홍차
- お決り : 결정(확정)
- 片面 : 한쪽 면
- 卵 : 계란
- 焼く : 굽다, 익히다.
- 軽く焼いて下さい : 살짝 구워주세요.
- ソーセージ : 소시지
- 召し上がる : 잡수시다, 드시다. (먹다/ 마시다의 존경표현)
- お+동사ます형+下さい : ~해 주십시오. (존경표현)
  お呼び下さい : 불러 주십시오.
  御選び下さい : 골라 주십시오.
- ご+한자어+下さい : ~해 주십시오. (존경표현)
  なさいますか : 하시겠습니까? (しますか의 존경표현)
  なさる : 하시다. (する 하다의 존경어)
- い형용사 어간+く : …하게, 스럽게, 답게 (부사적용법)
  軽く : 가볍게, 살짝 / 美味しく : 맛있게 / 高く : 비싸게
- な형용사 어간+に …하게, 스럽게, 답게 (부사적용법)
- お代わり : 추가주문

생선요리의 재료

- マグロ : 다랑어(참치)
- カキ : 굴
- エビ : 새우
- タラコ : 명태알
- アナゴ : 붕장어
- カイ : 조개
- カニ : 게
- たちうお : 갈치
- たこ : 문어
- さざえ : 소라
- のり : 김
- ひらめ : 광어
- さめ : 상어
- あじ : 전갱이
- うに : 성게
- いくら : 연어알
- あわび : 전복
- 数(かず)の子(こ) : 청어알
- イカ : 오징어
- サバ : 고등어
- ナマコ : 해삼
- サケ : 연어
- さんま : 꽁치
- いしもち : 조기
- わかめ : 미역
- いわし : 정어리
- かれい : 가자미
- ふぐ : 복어
- あんこう : 아귀
- ほたてがい : 가리비
- こんぶ : 다시마

식사 주문 사례 3

係(かか)り : おはようございます。朝食(ちょうしょく)はどのように致しますか。

客(きゃく) : パンケーキ2枚のシロップがけ そして卵二(ふた)つ、それと 私の妻(つま)はアメリカン ブレックファーストでお願いします。

係(かか)り : 奥様とお客様の卵はどのように致しましょうか。

客(きゃく) : 目玉焼(めだまや)きとゆで卵でお願いします。そして オレンジジュースも二(ふた)つ下さい。

係(かか)り : かしこまりました。コーヒー、紅茶、どちらになさいますか。

客(きゃく) : ああ、彼女(かのじょ)はさとうとミルク入(い)りのコーヒー、私にはブラックでお願いします。

係(かか)り : はい。少々お待ち下さいませ。

客(きゃく) : あ、待って下さい。変えてもいいですか。私はレモンティーでお願いします。

係(かか)り : かしこまりました。

客(きゃく) : 私のは ブラックコーヒーを変えてもらって、彼女の分はそのままでお願いします。

係(かか)り : はい。かしこまりました。ご注文のお品(しな)は シロップパンケーキ2枚、目玉焼き、オレンジジュース、レモンティー、奥様の分はアメリカン ブレックファーストとゆで卵、オレンジジュース、砂糖とミルク入(い)りのコーヒーでございますね。少々お待ち下さいませ。

客(きゃく) : はい。分かりました。

식사 주문 사례 3

韓国語訳

담당 : 안녕하십니까? 아침식사는 어떻게 하시겠습니까?

손님 : 시럽 묻힌 팬케이크 2개와 계란 2개, 그리고 제 아내는 아메리칸 아침식사로 해 주세요.

담당 : 부인과 손님의 계란요리는 어떻게 해 드릴까요?

손님 : 한쪽면만 익혀 프라이한 것과 수란으로 해 주세요.
나중에 오렌지 주스 2잔도 주세요.

담당 : 알겠습니다. 커피, 홍차 중 어느 것으로 하시겠습니까?

손님 : 아, 아내는 설탕크림커피, 저에게는 블랙으로 부탁합니다.

담당 : 예, 잠시만 기다려주십시오.

손님 : 아, 잠시만요, 바꿔도 됩니까? 저는 레몬차로 부탁합니다.

담당 : 알겠습니다.

손님 : 저는 블랙커피를 바꿔주시고, 아내는 그대로 해주세요.

담당 : 예, 알겠습니다. 주문하신 것은 시럽 묻힌 팬케이크 2개, 계란프라이, 오렌지 주스, 레몬차, 부인 것은 아메리칸 아침 식사와 수란, 크림과 설탕이 들어간 커피지요? 잠시만 기다려 주십시오.

손님 : 예, 그러죠.

和食(わしょく)のいろいろ 일식종류

- ゆで卵(たまご) : 삶은 달걀
- すき焼(や)き : 전골
- 鉄板焼(てっぱんやき) : 철판구이
- 牛丼(ぎゅうどん) : 쇠고기 덮밥
- どんぶり : 덮밥
- 定食(ていしょく) : 정식
- うどん : 우동
- お寿司(すし) : 초밥
- てんぷら : 튀김
- うなぎどん : 장어덮밥
- 味噌汁(みそしる) : 된장국
- すのもの : 초무침
- 澄(す)まし汁(じる) : 맑은 장국
- 豚(とん)カツ : 돈가스
- お握(にぎ)り : 주먹밥
- しゃぶしゃぶ : 샤부샤부
- 焼(や)きそば : 볶음면
- 焼(や)き鳥(とり) : 닭꼬치
- そば : 메밀국수
- ラーメン : 라면
- のり巻(ま)き : 김밥
- からあげ : 닭튀김
- おつゆ : 국물
- あぶらあげ : 유부
- ぎょうざ : 만두
- シロップがけ : 시럽을 묻힘

MEMO

식사 주문 사례 4

係(かか)り ： こんばんは。ご注文をおうかがい致します。

客(きゃく) ： はい。お願いします。何か軽(かる)い物がいいのですが、

係(かか)り ： はい。ございます。どういった物がよろしいでしょうか。

客(きゃく) ： スパゲティーはありますか。

係(かか)り ： 申し訳ございませんが、スパゲティーは取り扱っておりません。

客(きゃく) ： それじゃあ、このハンバーグステーキをいただきます。

係(かか)り ： かしこまりました。ありがとうございます。

できあ上(あ)がり次第、すぐお持ち致します。

식사 주문 사례 4

韓国語訳

담당 : 안녕하세요. 주문하시겠습니까?

손님 : 예, 부탁합니다. 뭔가 가벼운 것이 좋습니다만,

담당 : 예, 있습니다. 어떤 것이 좋으십니까?

손님 : 스파게티 있습니까?

담당 : 죄송합니다만, 스파게티는 취급하고 있지 않습니다.

손님 : 그럼, 이 햄버거 스테이크를 주세요.

담당 : 알겠습니다. 감사합니다. 만드는 즉시 바로 갖다드리겠습니다.

新しい単語

- ご注文をおうかがい致します : 주문하시겠습니까?
- 軽い : 가볍다.
- 取り扱う : 취급하다, 다루다.
- スパゲティー : 스파게티
- でき上がる : 완성되다.
- ハンバーグステーキ : 햄버그 스테이크
- 동사 ます형＋次第 : ~하자마자, 곧장 곧바로

  でき上がり次第 : 완성되는 즉시
- お＋동사 ます형＋致す(する) : ~하겠습니다. (겸양표현)

  お持ち致します : 가지고 오겠습니다.

식사 주문 사례 5

係り ： こんばんは。いらっしゃいませ。何名様でございますか。

客 ： はい、4名です。

係り ： ご予約はされていらっしゃいましたか。

客 ： はい。細井です。

係り ： はい。細井様、こちらへ どうぞ。
こちらのお席でよろしいでしょうか。

客 ： ありがとうございます。広安大橋がきれいですね。
メニュー頂けますか。

係り ： どうぞ、こちらでございます。

お食事の前に何かドリンクでもお持ち致しましょうか。

客 ： はい。ホワイトワインをお願いします。

係り ： ご注文はお決まりでしょうか。

客 ： カキフライをお願いしたいのですが、今のシーズンにできますか。

係り ： はい。バターとサワーソースをかけたフライでよろしいでしょうか。

客 ： うん。ありがとうございます。

식사 주문 사례 5

韓国語訳

담당 : 안녕하십니까? 어서 오십시오. 몇 분이십니까?
손님 : 4명입니다.
담당 : 예약은 하셨습니까?
손님 : 예, 細井입니다.
담당 : 예, 細井씨 어서 오십시오.
이쪽 자리는 괜찮으십니까?
손님 : 고맙습니다. 광안대교가 참 아름답군요. 메뉴 보여주시겠습니까?
담당 : 여기 있습니다. 식사 전에 뭔가 마실 거라도 갖다 드릴까요?
손님 : 예, 화이트와인으로 주세요.
담당 : 주문은 결정하셨습니까?
손님 : 튀긴 굴 요리를 먹고 싶습니다만, 지금 시즌에 가능합니까?
담당 : 예, 버터와 사워 소스를 뿌려드릴까요?
손님 : 네, 감사합니다.

新しい單語

- メニュー頂けますか : 메뉴 보여주시겠습니까?
- バター : 버터
- ホワイトワイン : 화이드 와인
- サワーソース : 사워 소스
- カキフライ : 굴 튀김

요리 재료에 관련된 단어

1) 고기

- 牛肉(ぎゅうにく) : 소고기
- 鶏肉(とりにく) : 닭고기
- 豚肉(ぶたにく) : 돼지고기
- 羊肉(ようにく) : 양고기

2) 야채

- キャベツ : 양배추
- えのき : 팽이버섯
- 椎茸(しいたけ) : 표고버섯
- つるにんじん : 더덕
- 大根(だいこん) : 무
- 人参(にんじん) : 당근
- 里芋(さといも) : 토란
- しゅんぎく : 쑥갓
- 豆(まめ) : 콩
- 松茸(まつたけ) : 송이버섯
- 竹の子(たけのこ) : 죽순
- 白菜(はくさい) : 배추
- もやし : 콩나물
- きのこ : 버섯
- よもぎ : 쑥

お壽司屋さんでは

일본요리의 초밥집에서는 초밥집에서만 사용하는 독특한 용어가 있다. 손님들도 초밥집에서는 이 용어로 주문을 한다.

- ネタ : 초밥위에 얹는 건더기나 속, 고명 등을 말한다.
- あがり : お茶를 말한다.
- げそ : 오징어의 다리를 말한다.
- よばんもの : 신선함이 다소 떨어지는 재료를 말한다.
- ひかりもの : 초밥 재료 중에서 껍질이 파랗게 빛나는 것을 말한다. (전갱이アジ, 고등어サバ) 등이 여기에 속한다.
- てっか : 참치의 붉은 속살이 들어있는 김밥을 말한다.
- カッパ : 초밥에 들어가는 오이를 말한다.
- むらさき : 초밥을 찍어 먹는 간장을 말한다.
- なみだ : わさび를 말하는 것으로 눈물이 나올 정도로 맵다는 뜻
- ガリ : 생강을 나타내는 말이다.
- しゃり : 초밥용 밥을 칭하는 말이다.

잘못 서빙된 음식에 대한 대처 사례 1

客(きゃく) ： 全部(ぜんぶ)おいしそうで決められないですね。

今日のお勧(すす)めは何ですか。

係(かか)り ： 本日のシェフのお勧(すす)めは子羊(こひつじ)のロースとなっております。

客(きゃく) ： それ、サラダも付きますか。

係(かか)り ： はい。付いております。

客(きゃく) ： では、それを頂きます。

客(きゃく) ： ああ、灰皿(はいざら)を頂けますか。灰皿がないのですが。

係(かか)り ： 申し訳ございません。只今(ただいま)お持ち致します。

客(きゃく) ： 悪いけど、まだ料理(りょうり)がこないのですが、

注文(ちゅうもん)してから20分(ぷん)も待(ま)っているんですけど、

係(かか)り ： もう少しだけお待ち頂けますか。只今お持ちいたします。

客(きゃく) ： これ私のじゃないぞ。

私は子羊(こひつじ)のロースを注文したんですよ。これは牛じゃないか。

係(かか)り ： 大変申し訳ございません。すぐお取(と)り替(か)え致します。

잘못 서빙된 음식에 대한 대처 사례 1

韓国語訳

손　님 : 전부 맛있어 보여서 결정할 수가 없네요. 오늘의 추천요리가 무엇입니까?
웨이터 : 오늘 주방장 추천요리는 어린 양고기 등심입니다.
손　님 : 그거 샐러드도 나옵니까?
웨이터 : 네, 그렇습니다.
손　님 : 예, 그것으로 하겠어요. 아, 재떨이를 주시겠어요? 재떨이가 없는데요.
웨이터 : 죄송합니다. 지금 가져다 드리겠습니다.
손　님 : 웨이터, 아직 요리가 나오지 않는군요. 주문하고 20분이나 기다렸어요.
웨이터 : 조금만 기다려 주시겠습니까? 지금 가지고 가겠습니다.
손　님 : 어, 이건 제가 주문한 게 아니잖아요.
저는 어린 양고기 등심을 주문했어요. 이건 소고기이지 않습니까?
웨이터 : 죄송합니다. 금방 바꿔드리겠습니다.

新(あたら)しい単語(たんご)

- 全部(ぜんぶ) : 전부
- 勧(すす)(薦(すす))める : 추천하다.
- 付く : 붙다, 첨부되다.
- 灰皿(はいざら) : 재떨이
- 子羊(こひつじ)のロース : 어린 양고기 등심
- すぐお取(と)り替(か)え致します : 금방 바꿔(교체)드리겠습니다.
- 동사 ます형은 그 자체로 명사화 가능 お薦(すす)め 추천(메뉴)

식사 추천 사례

ウエーター：お客様、ご注文がお決まりでしたらお伺い致します。

客：はい。今日のお勧めのメニューは何ですか。

ウエーター：ステーキはいかがでしょうか。ステーキは当店のお勧めでございます。

客：うん、それでは、ステーキを頂きます。

ウエーター：どのようにお焼き致しましょうか。

客：ウェルダンでおねがいします。レモンペッパーでお願いします。

ウエーター：スープはどうなさいますか。

客：野菜スープの後、サラダはフレンチドレッシングでお願いします。

ウエーター：デザートは何になさいますか。

客：ああ、デザートは食事を済ませてから注文します。

ウエーター：かしこまりました。

식사 추천 사례

韓国語訳

웨이터 : 손님, 주문 결정하셨으면 주문받겠습니다.
손　님 : 예, 오늘 추천 메뉴는 뭡니까?
웨이터 : 스테이크는 어떠십니까? 스테이크는 저희 가게 추천요리입니다.
손　님 : 그럼, 스테이크로 하지요.
웨이터 : 어떻게 익혀드릴까요?
손　님 : 바삭하게 구워주세요. 그리고 레몬페퍼를 곁들여 주세요.
웨이터 : 수프는 어떻게 하시겠습니까?
손　님 : 야채 수프 뒤에 샐러드는 프렌치드레싱으로 부탁합니다.
웨이터 : 디저트는 무엇으로 하시겠습니까?
손　님 : 아, 디저트는 식사를 끝내고 나서 주문하도록 하겠습니다.
웨이터 : 알겠습니다.

新(あたら)しい單語(たんご)

- 食事を済ませてから : 식사를 끝내고 나서
- ドレッシング : 드레싱
- デザート : 디저트
- 付(つ)け合(あ)わせ : 메인 요리에 곁들이는 야채, 효소 따위
- 済(す)ませる : 끝마치다.
- 伺(うかが)う : 여쭈어보다. (묻다의 겸양)
- 野菜(やさい)スープ /サラダ : 야채스프/샐러드

식사 및 와인 주문 사례

ウエーター ： お客様、ごきげんいかがでしょうか。私はお客様の今夜(こんや)のディナーのお世話(せわ)をさせていただく金と申します。
ご注文はお決まりでしょうか。

客(きゃく) ： いいえ、まだ ちょっと、待って頂けますか。

ウエーター ： はい。かしこまりました。

客(きゃく) ： あの、お手洗(てあら)いはどこでしょうか。

ウエーター ： はい。まっすぐ 行って、左(ひだり)に曲がられますとございます。
では、又、参ります。

ウエーター ： お水を どうぞ。

客(きゃく) ： ありがとうございます。

ウエーター ： ご注文はお決まりになりましたか。

客(きゃく) ： ええ、前菜はハマグリでお願いします。

ウエーター ： ハマグリですね。他は何になさいますか。

客(きゃく) ： フレンチオニオンスープ、ビネガ-ソースのサラダ、メインディッシュは魚(さかな)で お願いします。

식사 및 와인 주문 사례

韓国語訳

웨이터 : 손님, 안녕하십니까?
저는 손님의 저녁식사를 보살펴 드릴 金이라고 합니다.
주문은 결정하셨습니까?

손　님 : 아니요, 아직, 잠깐 기다려주시겠습니까?

웨이터 : 예, 알겠습니다.

손　님 : 저기, 화장실은 어디 있습니까?

웨이터 : 예, 곧장 가셔서 왼쪽으로 돌면 있습니다.
그럼, 저는 나중에 다시 오겠습니다.

웨이터 : 물 여기 있습니다.

손　님 : 감사합니다.

웨이터 : 주문은 결정하셨습니까?

손　님 : 예, 전채요리는 대합으로 하겠습니다.

웨이터 : 대합 말이지요? 다른 것은 무엇으로 하시겠습니까?

손　님 : 프렌치 양파수프와 비니거 소스 샐러드, 주요리는 생선으로 하겠어요.

ウエーター：かしこまりました。お二人方、同じでよろしいでしょうか。

客(きゃく)：はい。あと、ワインリストはございますか。

ウエーター：はい、こちらへ。

客(きゃく)：このワインをお願いします。

ウエーター：赤と白、どちらになさいますか。

客(きゃく)：白でお願いします。

ウエーター：かしこまりました。前菜(ぜんさい)はハマグリ、フレンチオニオンスープ、ビネガーソースのサラダ、メインディッシュは魚で、ワインは白ボトルのシャトールでございますね。

客(きゃく)：はい。

ウエーター：少々お待ち下さいませ。

술에 관련된 단어

- 清酒(せいしゅ)：청주
- 焼酎(しょうちゅう)：소주
- 日本酒(にほんしゅ)：일본 청주/정종
- ブランデー：브랜디
- ビール：맥주
- ウイスキー：위스키
- カクテル：칵테일
- ワイン：와인
- シャンペン：샴페인
- 生(なま)ビール：생맥주
- ジントニック：진토닉
- スコッチ：스카치
- バーボン：버번
- マティーニ：마티니

웨이터 : 알겠습니다. 두 분 다 같은 것으로 괜찮으십니까?

손　님 : 예, 마실 것으로는 와인 목록이 있습니까?

웨이터 : 여기 있습니다.

손　님 : 이 와인으로 주세요.

웨이터 : 백포도주와 적포도주 어느 것으로 하시겠습니까?

손　님 : 백포도주로 주세요.

웨이터 : 알겠습니다. 전채요리는 대합, 프렌치 양파수프, 비니거 소스 샐러드, 주요리는 생선요리, 백포도주이지요?

손　님 : 예.

웨이터 : 잠시 기다려 주십시오.

新(あたら)しい単語(たんご)

- お手洗(てあら)い : 화장실
- お二人方 /(お二人様) 두 분
- ハマグリ : 대합
- お世話(せわ)をする : 보살피다, 돌보다.
- 今夜(こんや) : 오늘밤
- 同じ : 똑같음
- 前菜 : 전채요리
- ワインリスト : 와인리스트
- メインディッシュ : 메인요리
- どちらになさいますか。어느 쪽으로 하시겠습니까?

일품 요리 주문 사례

客(きゃく)　：レストランのメニューはすべてコースなのですか。

係(かか)り：いいえ、アラカルトそして単品(たんぴん)も取り扱っております。

しかし、少しお時間がかかると思いますが大丈夫(だいじょうぶ)ですか。

客(きゃく)　：はい。待ちますよ。アラカルトを下さい。

前菜(ぜんさい)にスープもお願いします。

係(かか)り：コンソメスープとクリーム、マッシュルームがございますが、どんなになさいますか。

客(きゃく)　：マッシュルームとサラダ、ドレッシングはサウザンアイランドをお願いします。

係(かか)り：メインディッシュのオーダーを今お取りしてもよろしいでしょうか。

客(きゃく)　：うずら料理がいいのですが、何がついてきますか。

係(かか)り：オニオン、キャロット、あとはポテトフライでございます。

客(きゃく)　：それにします。

係(かか)り：お飲み物はいかがでございますか。

客(きゃく)　：いえ、お水を下さい。

係(かか)り：かしこまりました。他にデザートなどはいかがですか。

客(きゃく)　：いえ、いえ、食事を済ませてから考えます。

係(かか)り：はい。かしこまりました。少々お待ち下さいませ。

일품 요리 주문 사례

韓国語訳

손님 : 레스토랑 메뉴는 전부 코스입니까?
담당 : 아니요, 일품요리도 취급합니다.
그러나 조금 시간이 걸립니다만, 괜찮으십니까?
손님 : 예, 기다리죠. 일품요리로 주세요.
전채요리 수프도 주세요.
담당 : 옥수수, 버섯, 크림 중 어떤 것을 하시겠습니까?
손님 : 버섯수프와 샐러드, 드레싱은 사우젠 아일랜드를 주세요.
담당 : 메인 요리 주문을 지금 받아도 되겠습니까?
손님 : 예, 메추라기 요리가 좋습니다만, 무엇이 따라 나옵니까?
담당 : 양파, 당근과 감자칩이 나옵니다.
손님 : 그것으로 하겠어요.
담당 : 뭔가 마실 음료라도 어떻습니까?
손님 : 아니요, 물을 주세요.
담당 : 알겠습니다. 다른 디저트는 어떠십니까?
손님 : 식사를 끝내고 생각하겠습니다.
담당 : 예, 알겠습니다. 잠시 기다려 주십시오.

新しい單語

- アラカルト ： 일품요리
- うずら ： 메추라기
- 取り扱う ： 취급하다.
- 何がついてきますか ： 뭐가 같이 나옵니까?
- オーダーを取る ： 주문받다.
- ポテトフライ ： 감자튀김
- 大丈夫だ ： 괜찮다.

손님의 요구에 대해

- 영수증에 주차 확인 도장 좀 찍어 주세요.
  レシートに無料駐車の印を押してください。
- 주차해 드리겠습니다. 내리십시오.
  駐車はこちらで致します。お降りください。
- 키는 맡겨 주십시오. 저희가 보관하겠습니다.
  お車のキーをお預けください。私どもが（こちら）で保管致します。
- 계산은 나가시면서 하시면 됩니다.
  ご会計はカウンターの方でお願い致します。
- 자리가 비는 대로 그쪽으로 옮겨 드리겠습니다.
  お席が空き次第そちらにご案内致します。
- 죄송합니다만, 그쪽은 예약석입니다.
  申し訳ありません。そちらは予約席でございます。
- 지금 다 차서 20분 정도 기다리셔야 합니다.
  ただいま、満席でございますので、20分ほどお待ちいただくことになっております。

MEMO

음료 안내 및 주문 사례

ウエーター：いらっしゃいませ。ペニンシュラへようこそ。

客(きゃく)：こんにちは。窓側(まどがわ)に 二人用の空きがありますか。

ウエーター：はい、ございます。こちらへどうぞ。
どちらがよろしいでしょうか。

客(きゃく)：ええ、けっこうです。

ウエーター：只今ウェィターがメニューを持って参りますので、少々お待ち下さい。

ウエーター：いらっしゃいませ。こちらメニューでございます。
何かお飲み物はいかがでしょうか。

客(きゃく)：お願いします。どんな種類(しゅるい)のフルーツジュースがありますか。

ウエーター：オレンジ、パイナップル、マンゴー、キウィ、ストロベリー、そしてトマトがございます。かき氷(ごおり)もございますよ。
小豆(あずき)と何種類かのフルーツを混(ま)ぜたものでございます。

음료 안내 및 주문 사례

韓国語訳

웨이터 : 어서 오십시오. 페닌슈라에 잘 오셨습니다.
손 님 : 안녕하세요. 창가 쪽에 2인용 좌석이 있을까요?
웨이터 : 예, 있습니다. 이쪽으로 오십시오. 어느 쪽이 좋으십니까?
손 님 : 예, 좋아요.
웨이터 : 지금 웨이터가 메뉴를 가지고 오니까 잠시 기다려주세요.
웨이터 : 어서 오십시오. 여기 메뉴입니다. 뭔가 마실 거라도 드릴까요?
손 님 : 예, 주세요. 어떤 종류의 과일 주스가 있습니까?
웨이터 : 오렌지, 파인애플, 망고, 키위, 딸기 그리고 토마토가 있습니다.
팥빙수도 있습니다. 팥과 몇 종류의 과일을 혼합한 것입니다.

과일과 관련된 단어

- りんご : 사과
- 柿(かき) : 감
- あんず : 살구
- ほしがき : 곶감
- いちご : 딸기
- すいか : 수박
- 梨(なし) : 배
- あまがき : 단감
- みかん : 밀감
- ぶどう : 포도
- 桃(もも) : 복숭아
- メロン : 메론

客　　　　：かき氷とこおり水頂けますか。

ウエーター：かしこまりました。

客　　　　：私は冷たいビールをお願いします。何がありますか。

ウエーター：生ビールとビンビールがございます。

　　　　　　ビールは国産のみを取扱っております。

客　　　　：うん、じゃあ、かき氷を彼女に、それと私にはビンビールでお願いします。よく冷えてるのを下さい。

ウエーター：はい。かしこまりました。

新しい単語

- かき氷 : 잘게 깬 얼음, 빙수
- 国産 : 국산
- お湯割り : 따뜻한 물에 섞어 마시는 술
- 水割り : 차가운 얼음물에 희석하여 마시는 술
- 混ぜる : 섞다, 혼합하다.
- 取扱う : 취급하다, 다루다.
- 冷える : 식다, 차가워지다.
- ございます : 있습니다. (사물, 무생물의 존재를 나타내는 あります의 겸양)

こおり水 : 얼음 물

손 님 : 팥빙수와 얼음물을 주세요.

웨이터 : 알겠습니다.

손 님 : 저는 시원한 맥주를 부탁합니다. 뭐가 있지요?

웨이터 : 생맥주와 병맥주가 있습니다. 맥주는 국산만 취급하고 있습니다.

손 님 : 그럼, 팥빙수를 아내에게, 그리고 저에게는 병맥주를 주세요.
아주 차갑게 해주세요.

웨이터 : 예, 알겠습니다.

두둔하거나 변명할 때

- 기분 나쁘게 할 생각은 없었습니다. 그런 뜻은 전혀 없었습니다.
  気を悪くするつもりではありませんでした。そんな (そのような) つもりではありませんでした。
- 그렇게 느끼셨다면 사과드리겠습니다.
  そのようにお感じになられましたら、お詫び致します。
- 그렇게 말씀하시니 할 말이 없습니다.
  そうおっしゃると、返す言葉もありません。
- 두둔하는 것은 아닙니다만, 말 못할 사정이 있을 겁니다.
  かばい立てするわけではありませんが、言うに言われぬ事情があるはずです。
- 제 마음을 알아 주셨으면 합니다.
  私の心 (心情) をお察しください。
- 뭔가 오해가 있으신 것 같군요.
  何か誤解があるようです。

신용카드 계산 사례

係り(かか) ： お食事はいかがでしたか。

客(きゃく) ： うん、とてもおいしかったですよ。計算書(けいさんしょ)を頂けますか。

係り(かか) ： はい、どうぞ。こちらでございます。

客(きゃく) ： 内訳(うちわけ)はどうなっていますか。

係り(かか) ： お食事代(しょくじだい)が4,300円(えん)、あと430円はウェィターのサービス料、なおこちらの10%は税金となっております。そして、合計(ごうけい)が5,160円でございます。

客(きゃく) ： トラベラーズチェックでもいいですか。

係り(かか) ： 申し訳ございませんが、トラベラーズチェックはお取り扱いできません。

客(きゃく) ： いいですよ。じゃあ、アメリカンエクスプレスカードでお願いします。

係り(かか) ： かしこまりました。レシートにサインをお願い致します。

客(きゃく) ： どうぞ。

係り(かか) ： ありがとうございました。よい一日をお過ごし下さい。

신용카드 계산 사례

韓国語訳

담당 : 식사는 어떠셨습니까?

손님 : 네, 아주 맛있었어요. 계산서를 주시겠어요?

담당 : 예, 여기 있습니다.

손님 : 내역은 어떻게 됩니까?

담당 : 식사비가 4,300엔, 뒤에 430엔은 웨이터 서비스료 또 여기 10%는 세금입니다. 그리고 합계가 5,160엔입니다.

손님 : 수표로 지불할 수 있습니까?

담당 : 죄송합니다만, 수표는 취급하지 않습니다.

손님 : 좋아요. 그럼, 아메리칸 익스프레스 카드로 해 주세요.

담당 : 알겠습니다. 계산서에 사인을 부탁합니다.

손님 : 여기 있어요.

담당 : 감사합니다. 좋은 하루 보내세요.

식사금액의 호텔청구서 이전 안내 사례

係り ： お食事はいかがでしたか。

客 ： 食事もおいしかったですし、サービスもとてもすばらしかったですよ。
食事代はおいくらですか。

係り ： 7,800円でございます。

客 ： トラベラーズチェックも使えますか。

係り ： 申し訳ございません。トラベラーズチェックはお取り扱いできませんが、フロントデスクで現金にお取り替え頂くとご使用いただけます。

客 ： 本当ですか。フロントデスクですね。

係り ： もし、お客様がこちらのホテルにご宿泊いただいていらっしゃるならこちらにサインを頂ければ、お食事代はチェックアウト時にお支払頂けます。

客 ： そうですか。私は渡辺で709号室です。
食事代をつけておいてください。

係り ： かしこまりました。ルームキーをご確認させていただいてもよろしいでしょうか。

客 ： どうぞ。

係り ： レシートの下にサインをお願い致します。

客 ： ええ、しました。

係り ： ありがとうございます。又のお越しをお待ち申し上げております。

식사금액의 호텔청구서 이전 안내 사례

韓国語訳

담당 : 식사는 어떠셨습니까?

손님 : 식사도 맛있었고 서비스도 매우 좋았어요.
식사비는 얼마지요?

담당 : 7,800엔입니다.

손님 : 여행자 수표도 사용할 수 있나요?

담당 : 죄송합니다. 여행자 수표는 받을 수 없습니다만, 프런트 데스크에서 현금으로 교환하시면 사용하실 수 있습니다.

손님 : 정말입니까? 프런트 데스크에서요?

담당 : 만약 손님이 이 호텔에 숙박하고 계신다면 이쪽에 사인을 하시면 체크아웃 시에 지불하실 수 있습니다.

손님 : 그렇습니까? 저는 渡辺이고 709호실입니다.
식사비를 붙여 놓아주세요.

담당 : 알겠습니다. 룸 키 확인을 해도 괜찮습니까?

손님 : 여기 있습니다.

담당 : 계산서 밑에 사인을 부탁합니다.

손님 : 네, 했습니다.

담당 : 감사합니다. 또 방문해 주십시오.

맛에 관련된 단어

- 甘(あま)い : 달다.
- 辛(から)い : 맵다.
- 酸(す)っぱい : 시다.
- 味(あじ)がうすい : 싱겁다.
- まずい : 맛없다.
- さっぱりしている : 담백하다.
- 苦(にが)い : 쓰다.
- 塩辛(しおから)い : 짜다.
- こうばしい : 향기롭다.
- おいしい : 맛있다.
- 濃(こ)い : 진하다.
- うすい : 연하다.

디저트에 관련된 단어

- だんご : 경단
- あまざけ : 단술
- おもち : 떡
- アイスクリーム : 아이스크림
- ゼリー : 젤리
- フルーツポンチ : 화채
- ケーキ : 케이크

MEMO

음식에 대한 불평 대처 사례

係(かか)り ： ステーキはいかがでしたか。

お客様、ステーキに手をお付(つ)けになられていませんね。

何か問題(もんだい)などございましたか。

客(きゃく) ： うん、中が生焼(なまや)けで血(ち)が見えたので、食べられるものではありませんでした。

サラダにも髪の毛(け)が入っていたし、この料金(りょうきん)は払えません。

係(かか)り ： えっ、大変申し訳ございませんでした。今すぐマネージャーを呼んで参ります。

음식에 대한 불평 대처 사례

韓国語訳

담당 : 스테이크는 어떠셨습니까?
　　　손님, 스테이크에 손을 거의 대지 않으셨네요.
　　　무슨 문제라도 있었습니까?
손님 : 네, 속이 덜 익어서 피가 보여 먹을 수 없었어요.
　　　샐러드에도 머리카락이 들어 있었고, 이 요금은 지불할 수 없습니다.
담당 : 아, 대단히 죄송합니다. 지금 곧 매니저를 불러오겠습니다.

新(あたら)しい単語(たんご)

- 生焼(なまや)け : 덜 익음
- 払う : 돈을 내다. 비용을 지불하다.
- 払える : 돈을 낼 수 있다. (払う 돈을 내다의 가능)
- 髪の毛(け) : 머리카락
- 食べられる : 먹을 수 있다. (食べる 먹다의 가능)
- お+동사ます형+になる : ~하시다. (존경 표현)
- 大変申し訳ございません : 대단히 죄송합니다.
- 手(て)をつける : 손을 대다.

잘못 서빙된 음식에 대한 대처 사례 2

客　：すみません。ずっと呼んでいたのですよ。
　　　5分も待っていました。

係り：大変申し訳ございません。ただいま、大変店内が込み合っておりまして、
　　　何でございましょうか、お客様。

客　：フォークを替えて頂けますか。落としてしまったので。

係り：はい。すぐにお取り替え致します。

客　：それに食事もまだ来てないです。

係り：かしこまりました。申し訳ございません。

客　：……これ、私のじゃないですよ。

係り：申し訳ございません。もう一度オーダーをお取りしてもよろしいでしょうか。

客　：私はマッシュルームスープを頼みましたよ。
　　　だけど、これはクリームですよ。

係り：はい。大変申し訳ございません。今すぐマッシュルームスープにお取り替え
　　　致します。

잘못 서빙된 음식에 대한 대처 사례 2

韓国語訳

손님 : 여기요? 계속 불렀어요. 5분이나 기다렸다고요.

담당 : 대단히 죄송합니다. 지금 매우 가게가 붐벼서요.
무슨 일이십니까? 손님?

손님 : 포크를 바꿔주시겠어요? 떨어져 버려서요.

담당 : 예, 금방 바꿔드리겠습니다.

손님 : 게다가 식사도 아직 나오지 않았어요.

담당 : 알겠습니다. 죄송합니다.

손님 : ……이거 제 것이 아니잖아요.

담당 : 죄송합니다. 다시 한 번 주문을 확인해도 괜찮겠습니까?

손님 : 저는 버섯 수프를 시켰는데, 이건 크림수프에요.

담당 : 예, 대단히 죄송합니다. 지금 곧 버섯 수프로 바꿔드리겠습니다.

新しい單語(あたらしいたんご)

- 込み合う(こみあう) : 붐비다.
- オーダー : 주문
- 頼む : 부탁하다.
- 取り替える(とりかえる) : 바꾸다, 교체하다.
- 落とす : 떨어뜨리다.

분실물 발생

客　：きょう、そちらに傘を忘れたようなんです。

係　：何時ごろお帰りになりましたか？

客　：午後2時ごろです。

係　：どんな色の傘ですか？

客　：茶色と黒のチェックです。

係　：そのまま少々お待ちください。調べてまいります。

　　　………………………………

係　：もしもし、ございました。

客　：よかったわ。あしたの午後、取りにうかがいます。

係　：承知しました。受付でお預りしております。
　　　お名前を控えておきましょう。お名前は？

분실물 발생

韓国語訳

고객 : 오늘 그곳에 우산을 두고 온 것 같은데요.
담당 : 몇 시경에 나가셨습니까?
고객 : 오후 2시경입니다.
담당 : 어떤 색입니까?
고객 : 갈색과 검정색 체크입니다.
담당 : 끊지 마시고 잠시만 기다려 주십시오. 확인해 보겠습니다.
……………………………………
담당 : 여보세요. 여기 있습니다.
고객 : 다행이군요. 내일 오후에 찾으러 가겠습니다.
담당 : 잘 알겠습니다. 접수처에 맡겨 두겠습니다. 성함을 메모해 두겠습니다. 성함이 어떻게 되시죠?

関連表現 : 분실되기 쉬운 물건

- おりたたみ傘 : 접는 우산
- 水玉模様の緑色のスカーフ : 물방울 모양 녹색 스카프
- 赤いウールのマフラー : 빨간 울 머플러
- 黒皮の手袋 : 검정색 가죽장갑
- ワイン色の万年筆 : 와인색 만년필
- ○○デパートの手提げ : ○○백화점 손가방
- 入り口に鍵つきの傘立てがございます。: 입구에 시건장치가 달린 우산꽂이가 있습니다.

뷔페식 조식

係　: おはようございます。ごきげんいかがですか？

客　: 快調(かいちょう)です。朝食をお願いします。二人です。

係　: かしこまりました。朝食はバイキングになっております。こちらにあるのが日本の伝統的(でんとうてき)な和食(わしょく)で、あちらにはコンチネンタルがございます。食べ放題でございます。

客　: では、それにしましょう。

係　: お好きな席にお着きになって、セルフサービスでお願いします。

뷔페식 조식

韓国語訳

담당 : 안녕하십니까? 잘 주무셨습니까?

고객 : 기분 좋게 잘 잤습니다. 아침식사를 하고 싶은데요. 2사람입니다.

담당 : 알겠습니다. 아침식사는 뷔페식입니다.
이쪽 음식이 일본 전통 일식이고, 저쪽에는 유럽식 조식이 준비되어 있습니다. 마음껏 드십시오.

고객 : 그럼, 그것으로 하겠습니다.

담당 : 원하는 좌석에 앉으셔서 갖다 드시면 됩니다.

新(あたら)しい單語(たんご)

- 食べ放題(ほうだい) : 마음껏 먹는 것
- 동사ます형＋放題(ほうだい) : 마음껏 끝까지 다 ~하다.
- バイキング : 뷔페식 조식
- 和食 : 정통일식
- ごきげんいかがですか? : 안녕하십니까? / 기분은 어떻습니까?
- コンチネンタル : 계란을 뺀 유럽식 조식
- 席に着く : 자리에 앉다.

예약 불가 사례

係　：はい、こちらはシバタ·レストランでございます。
　　　そのまま少々お待ちいただけますか？

客　：はい。

係　：………… お待たせいたしました。ご用件を承ります。

客　：今夜、３人で行きたいんですが、席はありますか？

係　：何時がよろしいですか？

客　：8時です。

係　：ご確認(かくにん)いたします。
　　　お客様、あいにく8時のご予約はいっぱいでございます。
　　　7時半か9時半でしたらご用意できますが、

客　：それは無理(むり)ですね。また別の機会(きかい)にします。

係　：申し訳ございません。お電話ありがとうございました。

예약 불가 사례

韓国語訳

담당 : 네, 시바타 레스토랑입니다.
그 상태로 잠시만 기다려 주시지 않겠습니까?

고객 : 네.

담당 : 잠시만 기다려 주시겠습니까? 무엇을 도와드릴까요?

고객 : 오늘밤, 3명이 가고 싶은데요. 예약 가능합니까?

담당 : 몇 시로 하시겠습니까?

고객 : 8시입니다.

담당 : 확인해 보겠습니다. 마침 8시 예약은 만석입니다.
7시 반이나 9시 반이라면 예약 가능합니다만,

고객 : 그것은 곤란하군요. 다음 기회에 이용하겠습니다.

담당 : 죄송합니다. 전화 주셔서 감사합니다.

関連表現

- その日は、あいにく予約で満席になっております。
그날은 마침 예약으로 빈 테이블이 없습니다.
- その日は貸し切りになっております。그날은 전체를 전세 내어 사용합니다.
- 明日なら、お席に余裕があります。내일이라면, 좌석 여유가 있습니다.
- 喫煙席はございません。흡연석은 없습니다.

카운터 좌석은 내방순

係　：お座敷(ざしき)とテーブル席とどちらがよろしいですか？

客　：寿司(すし)カウンターがいいです。

係　：申し訳ございません。カウンターは予約を承っておりません。

ご来店順(らいてんじゅん)になっております。

でも、6時半前(はんまえ)にご来店いただければ、たいていお座(すわ)りいただけます。

客　：そうですか、ではそうしてみます。

係　：お電話ありがとうございました。

카운터 좌석은 내방순

韓国語訳

담당 : 방과 테이블석 중 어느 쪽으로 하시겠습니까?

고객 : 초밥 카운터에서 먹겠습니다.

담당 : 죄송합니다. 카운터 좌석은 예약을 받지 않습니다.
오시는 순서대로 앉을 수 있게 되어 있습니다.
하지만, 6시 반 전에 오시면 대부분 앉으실 수 있습니다.

고객 : 그렇습니까? 그럼 그렇게 하겠습니다.

담당 : 전화 주셔서 감사합니다.

関連表現－예약

- ランチのご予約は承っておりません。 점심 예약은 받지 않고 있습니다.
- そばが売り切れになり次第、閉店いたしますのでご予約はお受けしておりません。
  메밀국수가 다 팔리면 폐점하기 때문에, 예약은 받지 않습니다.
- できるだけお早めにお越しください。 가급적 일찍 오시기 바랍니다.
- ご予約は1ヶ月前から承っております。 예약은 1개월 전부터 받고 있습니다.

세탁비 변상

係　：たいへん申し訳ございません。すぐに、おしぼりを取ってまいります。

客　：お願いします。

係　：大丈夫でしょうか？

客　：ええ、たぶん。

係　：クリーニング代を支払わせていただきます。

客　：気にしないで、大丈夫ですから、

係　：誠に申し訳ございませんでした。
　　　このビールは、お店からのほんのおわびのしるしです。

客　：それはどうもありがとう。

세탁비 변상

韓国語訳

담당 : 대단히 죄송합니다. 곧바로 냅킨을 가져 오겠습니다.
고객 : 부탁합니다.
담당 : 괜찮겠습니까?
고객 : 네, 괜찮은 것 같아요.
담당 : 세탁비를 지불하도록 하겠습니다.
고객 : 괜찮으니 신경 쓰지 마세요.
담당 : 정말로 죄송합니다. 이 맥주는 저희 레스토랑의 작은 사과의 표시로 드리는 것입니다.
고객 : 고맙습니다.

関連表現

- おけがはございませんか? 다친 곳은 없습니까?
- 火傷(やけど)をしませんでしたか? 화상을 입진 않았습니까?
- すぐにガラスの破片(はへん)を片付けます。곧장 유리 파편을 치워 드리겠습니다.
- 隣のテーブルに移っていただけますでしょうか。옆 테이블로 옮겨 주시지 않겠습니까?
- 水とおしぼりをお持ちいたします。(衣類についたシミを取り除くため)
  물과 물수건을 가지고 오겠습니다. (옷에 묻은 얼룩을 제거하기 위해)
- お代は結構でございます。식사 요금은 받지 않겠습니다.
- お代はお返しいたします。식사 요금은 돌려 드리겠습니다.

잘못된 전표

客　：すみません、この伝票(でんぴょう)はまちがっていると思うんです。

　　　調べていただけますか？

係　：何を召しあがりましたか？

客　：熱(あつ)かん２本と刺身定食(さしみていしょく)2人前(まえ)です。すしの盛り合わせは食べていません。

係　：たいへん申し訳ございません。お客さまが寿司をキャンセルなさったのを忘れて、合計に加えておりました。合計金額がまちがっていました。おわびいたします。

잘못된 전표

韓国語訳

고객 : 미안하지만 이 전표는 잘못된 것 같은데요.
한번 확인해 주시겠습니까?

담당 : 뭘 드셨습니까?

고객 : 정종 따뜻한 것 2개와 생선회 정식 2인분입니다. 초밥 모둠세트는 먹지 않았습니다.

담당 : 대단히 죄송합니다. 고객님께서 초밥을 취소하신 것을 잊고 추가했습니다. 합계금액에 차이가 있었습니다. 사과드리겠습니다.

関連表現

- おつりが足りません。거스름돈이 부족한데요.
- 申し訳ございません。それは別のお客様の伝票でした。
죄송합니다. 그것은 다른 손님의 전표였습니다.
- 申し訳ございません。ビール2本のところを、まちがって3本分を伝票につけておりました。
죄송합니다. 맥주 2병을 실수로 3병으로 전표에 달았습니다.

맛의 변질

客　：この豆は、ちょっと変だと思うんです。

係　：どうかいたしましたか？

客　：ねとねとしているし、においもなんだか変です。腐(くさ)っているみたい。

係　：いえいえ、これは納豆といって、大豆(だいず)を発酵(はっこう)させたものなんです。

粘りがあって、チーズのような強い臭(にお)いが持ち味です。

客　：そうなの？ 聞いたことないけど、でも試してみるわ。

係　：しょうゆを加えて、よく混ぜてください。

お口に合うといいんですが、

맛의 변질

韓国語訳

고객 : 이 콩은 좀 이상한데요.

담당 : 왜 무슨 일이 있습니까?

고객 : 끈적끈적하고 냄새도 좀 이상한 것 같아요. 상한 것 같아요.

담당 : 아니요, 이것은 納豆라는 것으로 大豆를 발효시킨 것입니다.
끈적임이 있어서 치즈처럼 강한 냄새가 독특한 맛입니다.

고객 : 그래요. 들은 적이 없는데요. 하지만 도전해 보겠습니다.

담당 : 간장을 넣고 잘 섞어 주세요.
입에 맞으시면 좋겠습니다.

맥주 맛

客A ： すみません、このビールは冷えていないんですが、

係 ： たいへん申し訳ございません。

新しいものをすぐにお持ちいたします。

客B ： 私は生ビールを注文(ちゅうもん)したんですが、

これは本当に生かしら？

係 ： こちらはまちがいなく生ビールでございます。

私が自分で注(つ)ぎましたから、

맥주 맛

韓国語訳

고객A : 미안합니다. 이 맥주는 차갑지 않은데요.
담 당 : 죄송합니다. 새것으로 바꿔 오겠습니다.
고객B : 저는 생맥주를 시켰는데 이것 정말 생맥주인가요?
담 당 : 이것은 분명 생맥주가 맞습니다. 제가 직접 잔에 담았습니다.

関連表現

- 冷たいものとすぐにお取り替えいたします。차가운 것으로 다시 바꿔드리겠습니다.
- きれいなものをすぐにお持ちいたします。깨끗한 것을 다시 가져오겠습니다.
- スープに髪の毛が入っています。수프에 머리카락이 들어 있습니다.
- グラスにヒビが入っています。컵에 금이 갔습니다.
- グラスが汚れています。컵이 더러워져 있습니다.
- すぐに代わりの料理をご用意いたします。다시 다른 요리를 준비하겠습니다.
- このスープはぬるいですね。이 수프는 미지근하군요.
- すぐに温め直します。금방 다시 데워오겠습니다.
- このパンはずいぶん堅いですね。古いのではありませんか。
  이 빵은 매우 딱딱하군요. 오래 된 것은 아닙니까?
- すぐに新しいものをご用意いたします。다시 새것으로 준비하겠습니다.

고객의 감사인사

客　　：何もかも素晴(すば)らしかったです。

係　　：お褒(ほめ)いただいて光栄(こうえい)です。

客　　：料理長に会えますか？
できれば、お礼を言いたいのですが、

係　　：ただいま呼んでまいります。
お待ちくださいませ。

料理長：はじめまして、料理長をつとめております金でございます。
本日は、お越しいただきましてありがとうございます。
料理はお口に合いましたでしょうか？

客　　：おみごとでした。どれもとてもおいしくいただきました。

料理長：そのようにおっしゃっていただいて光栄です。
またのお越しをお待ちしております。

고객의 감사인사

韓国語訳

고　객 : 모든 것이 훌륭했습니다.
담　당 : 칭찬해 주셔서 영광입니다.
고　객 : 주방장을 뵐 수 있겠습니까?
가능하다면, 감사의 인사를 전하고 싶은데요.
담　당 : 즉시 불러 오겠습니다.
잠시만 기다려 주십시오.

조리장 : 처음 뵙겠습니다. 조리장 김입니다. 오늘 저희 가게를 찾아주셔서 감사합니다. 요리는 입에 맞았습니까?
고　객 : 훌륭했습니다. 모두 맛있게 잘 먹었습니다.
조리장 : 그렇게 말씀해주시니 영광입니다.
다음에 또 찾아주시길 바랍니다.

新しい單語

- 褒る : 칭찬하다.
- 素晴らしい : 훌륭하다.
- 光栄 : 영광
- おみごと : 멋짐, 훌륭함
- つとめる : 근무하다.
- お礼を言う : 감사(고마움)를 전하다.
- おっしゃる : 말씀하시다. (言う 말하다의 존경표현)
- 口に合う : 입에 맞다.
- お口に召さないかも知れませんが、たくさん召し上がってください。
입에 안 맞을지 모르지만 부디 많이 드십시오.

会計の時

- 当店ではクレジットカードの取り扱いはしておりません。

  저희 가게에서는 신용카드는 취급하지 않습니다.
- お支払いは現金のみでお願い致します。

  지불방법은 현금으로만 부탁합니다.
- お席のほうで会計をしていただけますか。

  테이블에서 지불해 주시겠습니까?
- お会計はご一緒でよろしいですか。それとも別々になさいますか。

  계산은 다 같이 하시겠습니까? 아니면 따로따로 하시겠습니까?
- 伝票はテーブルの上においてございませんでしたか。

  전표는 테이블 위에 놓여있습니다.
- 閉店時間が近いのでお先にお会計をさせていただいてよろしいですか。

  폐점시간이 다 되어 가는데, 먼저 계산을 해도 되겠습니까?
- ドルでのお支払はできません。日本円でお願いします。

  달러는 안 받습니다. 일본엔으로 부탁합니다.
- ドルのトラベラーズチェックは使えませんが、日本円のトラベラーズチェックならお使いいただけます。달러 여행자 수표는 사용할 수 없습니다만, 일본엔 여행자 수표는 사용할 수 있습니다.
- 現金でお支払いですか。それとも，クレジットカードでお支払いですか?

  현금으로 지급하겠습니까? 아니면, 신용카드로 지급하시겠습니까?
- 申し訳ございませんが、このカードは有効期限が過ぎております。

  죄송합니다만, 이 카드는 유효기간이 지났습니다.
- 申し訳ございませんが、このカードは受け付けられません。

  죄송합니다만, 이 카드는 받을 수가 없습니다.

MEMO

카드 지불

係　：申し訳ございませんが、このカードは取り扱っておりません。ほかのカード、ビザやマスターをお持ちではございませんか？

客　：どれも持っていないなあ。では小切手(こぎって)を切りましょう。

係　：申し訳ございません。個人の小切手も扱っていないんです。トラベラーズチェックならお使いになれます。

客　：それも持っていないんだ。
現金で払うしかなさそうだね。
持ち合わせがあるかどうか確かめます。

카드 지불

韓国語訳

담당 : 고객님 죄송합니다만, 이 카드는 취급하지 않습니다.
다른 카드, 비자나 마스터카드를 가지고 계십니까?

고객 : 아무 카드도 없는데요. 그럼 자기앞 수표를 끊겠습니다.

담당 : 죄송합니다. 개인용 자기앞 수표는 취급하지 않습니다.
여행자 수표라면 사용하실 수 있습니다.

고객 : 그것도 없는데요.
현금으로 지불할 수밖에 없겠군요.
가진 현금이 있는지 확인해 보겠습니다.

新しい単語

- 小切手 : 수표
- 取り扱う : 취급하다.
- 持ち合わせ : 현재 가지고 있는 (돈)
- 払う : (비용) 지불하다.
- トラベラーズチェック : 여행자 수표
- 確かめる : 확인하다.
- しか : ~밖에 + 부정

현금 지불

係　：全部で8,750円になります。
　　　1万円お預かりいたします。
　　　ただいまレシートとおつりをお持ちいたします。

客　：ええ。

係　：こちら、1,250円のおつりでございます。
　　　お確かめください。
　　　こちらがレシートです。ありがとうございました。
　　　またのお越しをお待ちしております。お気をつけて、

현금 지불

韓国語訳

담당 : 전부 합쳐서 8,750엔입니다.
1만 엔 받았습니다.
즉시 영수증과 거스름돈을 가져 오겠습니다.

고객 : 네.

담당 : 여기 거스름돈 250엔 가져왔습니다.
확인해 주시기 바랍니다.
이쪽이 영수증입니다. 감사합니다.
또 저희 레스토랑을 이용해 주시기 바랍니다.
조심해서 안녕히 가십시오.

関連表現

- このスープはぬるいですね。이 수프는 미지근하군요.
- すぐに温め直します。금방 다시 데워오겠습니다.
- このパンはずいぶん堅いですね。古いのではありませんか。
  이 빵은 매우 딱딱하군요. 오래 된 것은 아닙니까?
- すぐに新しいものをご用意いたします。다시 새것으로 준비하겠습니다.

세금과 봉사료 포함

係　：ありがとうございました。
　　　こちらが伝票でございます。
　　　税金とサービス料が含まれております。

客　：サービスチャージとは何ですか？

係　：それはチップのようなものです。
　　　私どもでは、すべてのお客さまに10%のサービス料を加えさせていただいております。
　　　ですから、チップは必要ございません。

客　：どのレストランも10%なんですか？

係　：それはレストランによります。規定(きてい)や法律(ほうりつ)はありませんから。

세금과 봉사료 포함

韓国語訳

담당 : 감사합니다.
여기 계산서 가져 왔습니다.
세금과 봉사료가 포함되어 있습니다.

고객 : 봉사료란 무엇입니까?

담당 : 그것은 팁과 같은 것입니다.
저희 레스토랑은 모든 고객에게 주문금액에 10% 봉사료를 추가하고 있습니다. 그러므로 팁은 필요 없습니다.

고객 : 모든 레스토랑이 10%입니까?

담당 : 그것은 레스토랑에 따라 차이가 있습니다. 규정이나 법률은 없습니다.

新(あたら)しい単語(たんご)

- 含まれる : 포함되다.
- 加える : 추가(첨가)하다.
- 規定(きてい) : 규정
- 法律(ほうりつ) : 법률

테이블 정리

係　：失礼します。

　　　お皿(さら)をお下(さ)げしてよろしいですか？

客Ａ：ええ、下げてください。（片付けてください。）

係　：こちらのチョコレートケーキは、もうお済みですか？

客Ｂ：いいえ、まだ食べます。

테이블 정리

韓国語訳

담 당 : 실례합니다.
접시를 치워도 되겠습니까?

고객A : 네, 치워주세요.

담 당 : 여기 있는 초콜릿 케이크는 다 드셨습니까?

고객B : 아니요, 아직 먹고 있습니다.

関連表現

- コーヒーをもう少しいかがですか? 커피를 좀 더 드시겠습니까?
- こちらがコーヒー用のミルクと砂糖です。이쪽이 커피용 밀크와 사탕입니다.
- 紅茶はポットサービスになっております。
  홍차는 커피포트로 서비스하게 되어 있습니다.
- 紅茶はミルクティーとレモンティーがございます。
  홍차는 밀크티로 하시겠습니까? 레몬티로 하시겠습니까?
- ハーブティーはカモミールとミントのどちらになさいますか。
  허브차는 캐모마일과 민트 중 어느 쪽으로 하시겠습니까?
- エスプレッソになさいますか。カプチーノになさいますか。
  에스프레소로 하시겠습니까? 카푸치노로 하시겠습니까?
- 申し訳ございませんが、カフェイン抜きのエスプレッソは置いておりません。
  죄송합니다만, 카페인을 뺀 에스프레소는 없습니다.

일식 문화

係　：しゃぶしゃぶの鍋(なべ)をお持ちしました。

熱いですから、ご注意ください。

こちらが牛肉(ぎゅうにく)と野菜(やさい)になります。

たれは２種類、ゴマだれと、ポン酢(ず)じょうゆです。

客　：なんだか面白そうですね。どうやって食べるんですか？

係　：まず、肉から召しあがってみてください。箸(はし)でひと切れつまんでだしの中に入れます。色が変われば召しあがれます。こんなふうに、（やってみせる）ミディアムレアがお好みなら、ほんの少し火を通すだけです。ごく薄切りですから、火を通しすぎないようにご注意ください。

客　：野菜はどうするんですか？

係　：野菜類は、いつ鍋に入れても結構です。お好きな加減に火を通して、肉と同じようにたれをつけて召しあがってください。

일식 문화

韓国語訳

담당 : 샤부샤부 냄비를 가져왔습니다.
뜨거우니 조심하시길 바랍니다. 이것이 소고기와 야채입니다.
소스는 2종류, 참기름양념 소스와 폰즈 양념입니다.

고객 : 왠지 기대가 되는군요. 어떻게 먹습니까?

담당 : 우선 고기부터 드세요.
젓가락으로 고기를 한 점 집어서 국물 안에 넣습니다.
고기의 색이 변하면 드십시오. 이렇게. (직접 시범을 보인다.)
얇게 썰었으니 많이 익히지 않도록 주의하시기 바랍니다.

고객 : 야채는 어떻게 합니까?

담당 : 야채류는 냄비에 언제든지 넣어도 괜찮습니다.
적당하게 익혀서 고기와 마찬가지로 양념소스에 찍어 드십시오.

新しい単語(あたらしいたんご)

- ひと切れ : 한 조각
- 火を通す : 불이 지나다. (익히다.)
- たれをつける : 양념을 찍다.
- たれ : 양념(소스)
- 面白い : 재미있다.
- 鍋 : 냄비
- お好きな加減に : 적당하게/취향에 맞춰
- 薄切り : 얇게 썰음

間違い電話などの応対

- もう一度、繰り返していただけますか。

  다시 한 번 반복해 주시겠습니까?

- レストラン予約へお繋ぎいたします。

  레스토랑 예약부로 연결하겠습니다.

- フロント予約へお繋ぎいたします。

  프런트 예약부로 연결하겠습니다.

- もう少し、ゆっくりお話しいただけますか。

  조금 천천히 말씀해 주시겠습니까?

- もう少し、大きな声でお話しいただけますか。

  조금 큰소리로 말씀해 주시겠습니까?

- 番号をお間違えのようでございます。

  전화 잘못하신 것 같은데요.

- そのお名前のお客様はいらっしゃらないようでございます。

  그런 이름의 손님은 안 계시는데요.

MEMO

양식 문화

係　：失礼します。とんかつ定食をお持ちしました。
　　　特製とんかつソースとからしはテーブルの上にございます。そして、ソースは甘口と辛口の2種類がございます。ご自由にお使いください。

客　：ありがとう。

係　：箸の代わりに、ナイフとフォークをお持ちしましょうか？
　　　トンカツは揚げたてで熱いので、お気をつけください。

客　：お願いします。そのほうが具合がいいみたいですね。
　　　それから、みそ汁を飲むためのスプーンもお願いします。

係　：承知しました。すぐにお持ちします。

양식 문화

韓国語訳

담당 : 실례합니다. 돈가스 정식 나왔습니다.
특제 돈가스 소스와 겨자는 테이블 위에 있습니다.
그리고 소스는 단맛과 매운맛 2종류가 있습니다.
필요하시면 사용해 주십시오.

고객 : 감사합니다.

담당 : 젓가락 대신 나이프와 포크를 준비해 드릴까요?
돈가스는 금방 튀겨서 뜨거우니 조심하세요.

고객 : 부탁합니다. 그렇게 하는 편이 좋을 것 같습니다.
그리고 된장국을 먹기 위한 숟가락도 부탁합니다.

담당 : 잘 알겠습니다. 바로 준비해 드리겠습니다.

新(あたら)しい単語(たんご)

- とんかつ定食 : 돈가스 정식
- みそ汁 : 된장국
- 揚げる : (기름에) 튀기다.
- 辛口 : 매운 것을 좋아하는 사람
- 揚げたて : 조금 전 튀긴
- …の代わりに : …대신에
- 甘口 : 단 것을 좋아하는 사람
- 承知しました。 : 잘 알겠습니다. (分かる 알다, 이해하다의 겸양표현)

간단한 식사주문

係　：こちらがランチメニューです。

客　：少し急いでいるんだ。すぐにできるものは何ですか？

係　：ビーフカレーでしたら、すぐにご用意できます。

客　：どのくらいかかるのですか？

係　：すぐにできます。あらかじめ煮込んでありますから。

客　：パスタはどのくらいかかるのですか？

係　：15分はお時間をいただきます。

客　：そう。では、ビーフカレーとアイスティーにしよう。

간단한 식사주문

韓国語訳

담당 : 이쪽이 점심 특선 메뉴입니다.
고객 : 좀 바빠서 그런데, 금방 먹을 수 있는 메뉴가 뭐죠?
담당 : 비프카레라면 금방 준비해 드릴 수 있습니다.
고객 : 어느 정도 시간이 걸리죠?
담당 : 사전에 익혀 둔 것이라 바로 드실 수 있습니다.
고객 : 파스타는 어느 정도 시간이 걸리죠?
담당 : 15분 정도는 걸립니다.
고객 : 그래요. 그럼, 비프카레와 차가운 홍차를 주세요.

関連表現

- お持ち帰りにどのくらいお時間がかかりますか。
  포장해 집에 가져가려면 어느 정도 걸립니까?
- ドライアイスをお入れしましょうか?
  드라이아이스를 넣어 드릴까요?
- お誕生日ケーキのご予約も承っております。
  생일 케이크 예약도 받고 있습니다.
- 当店のお菓子はカロリー控えめです。
  저희 가게 과자는 칼로리를 제거한 것입니다.
- 2階のティールームでお菓子とお茶を召し上がれます。
  2층 다실에서 과자와 차를 드실 수 있습니다.

PART
2

객실 예약

호텔업무는 예약으로부터 시작된다. 객실 예약은 전화, 팩시밀리, 우편, 여행사 등을 통해 이루어진다. 이 중 가장 편리하고 대중적인 방법이 전화를 이용하는 방법이다.

예약 담당자는 전화를 받으면 우선 자신의 소속과 이름을 정확하게 밝히고 예약상담에 응해야 한다. 그런 다음 정확한 예약이 될 수 있도록 고객의 도착 날짜, 퇴숙 날짜, 객실 타입, 고객의 이름 등을 확인한 다음 원하는 날짜에 원하는 객실이 비어 있는지 확인하고 그 외의 제반사항을 정확하게 접수, 기록, 정리하여 고객이 투숙하는 과정에서 불편사항이 생기지 않도록 주의를 기울인다. 또한 예약이 끝나면 반드시 고객에게 예약 내용을 설명하고 확인하도록 해야 한다. 한편, 예약은 주로 전화로 주고받는 업무이므로 밝고 명랑한 목소리로 신속하게 대응하여야 한다.

숙박등록 1

クロック　：おはようございます。何かご用でございますか。

客　：はい、チェックインをお願いしたいのですが、予約はしていたと思うのですが、私の名前は井上キミコです。

クロック　：名字のローマ字スペルをお願いします。

客　：I-N-O-U-Eです。

クロック　：少々お待ち下さいませ、井上様ご確認ができました。ご予約されていたのはデラックスシングルルームですね。

客　：ええ、その通りです。

クロック　：では、このカードにご記入下さい。

숙박 등록 1

韓国語訳

클럭 : 안녕하세요. 무엇을 도와 드릴까요?

손님 : 예, 투숙하려고 하는데요. 예약이 되어있을 텐데요.
제 이름은 이노우에 키미꼬입니다.

클럭 : 성의 철자가 어떻게 되시죠?

손님 : I-N-O-U-E입니다.

클럭 : 잠깐만 기다려 주십시오. 이노우에씨 확인되었습니다.
예약이 되어 있는 것은 디럭스 싱글 룸이군요.

손님 : 예, 맞습니다.

클럭 : 그럼, 이 예약카드를 기입해 주십시오.

新しい單語

- ご用 : 용무, 볼일
- 予約 : 예약
- お願いする : 부탁하다.
- 記入 : 기입
- 名字(みょうじ) : 성
- 名前(なまえ) : 이름
- お待ちください。 : 잠시만 기다려 주십시오.
- その通りです。 : 예, 맞습니다. (말씀하신 대로입니다.)
- でございます。 : (です의 정중한 겸양 표현)
- ございます。 : (あります의 정중한 겸양 표현)

호텔예약 시 자주 사용되는 용어

ベルマン : 벨맨
フロント : 프런트
クロック : 클럭
エレベーター : 엘리베이터
サービス : 서비스
キャッシャー : 캐셔
ドアマン : 도어맨
ホテル : 호텔
ベルデスク : 벨데스크
パスポート : 여권
ファックス : 팩스
コーヒーショップ : 커피숍

정중하게 의뢰하기

- 동사+음편형て(で) ください。: ~해 주십시오.
- お+동사ます형+ください。: (가장 일반적인 정중의 표현)
  くださいますか。: ~해 주시겠습니까?
  くださいませんか。: ~해 주시지 않으시겠습니까?

- 동사음편형+て(で) +いただけますか。: (좀 더 완곡한 부탁의 표현)
  +いただけませんか。

- 동사부정형+ないでくれますか。: (자제의 의뢰나 요청의 표현)
  ないでくださいますか。: ~하지 말아 주시겠습니까.
  ないでもらえますか。
  ないでいただけますか。

MEMO

숙박등록 2

客　：チェックインしたいのですが、私は井上です。

クロック　：井上様、ご予約はされていましたか。

客　：はい、5日間予約していました。

クロック　：少々お待ちいただけますか。お名前とお部屋番号をご確認いたしますので、その間、こちらのカードにご記入いただけますか。

客　：何を書けばいいのでしょうか。

クロック　：国籍(こくせき)、パスポートナンバー、ご住所(じゅうしょ)、職業(しょくぎょう)、次の行き先(さき)、訪問(ほうもん)目的(もくてき)をご記入下さい。他のものは私が記入(きにゅう)いたします。

客　：この情報(じょうほう)はどうなるのでしょうか。

クロック　：コンピューター　ファイルにインプットされます。お客様がここにお泊まりになったという意味で、これは義務づけられておりますのでご了承(りょうしょう)下さい。

客　：分かりました。

クロック　：お部屋はシングルですよね。

客　：はい、そうです。

クロック　：お客様、このカードの下にサインをいただけますか。

客　：ええ。

숙박 등록 2

韓国語訳

손님 : 체크인을 하고 싶은데요. 저의 이름은 이노우에입니다.

클럭 : 손님, 예약하셨습니까?

손님 : 예, 5박을 예약했습니다.

클럭 : 잠시만 기다려 주십시오. 성함과 객실번호를 확인 중이니, 그 사이 이쪽 카드에 기입하여 주십시오.

손님 : 무엇을 기입하여야 합니까?

클럭 : 국적, 여권번호, 주소, 직업, 다음 목적지, 방문 목적을 기입해 주세요. 나머지는 제가 적어 넣겠습니다.

손님 : 이 정보는 무엇에 필요합니까?

클럭 : 컴퓨터에 입력시킵니다. 손님께서 저희 호텔에 체류하신 기록으로, 이는 법적인 의무사항이므로 양해해 주시기 바랍니다.

손님 : 알겠습니다.

클럭 : 객실은 1인실이죠?

손님 : 네, 맞습니다.

클럭 : 손님, 이 카드의 밑부분에 사인을 해주시겠습니까?

손님 : 네.

新(あたら)しい單語(たんご)

- 職業(しょくぎょう) : 직업
- 了承(りょうしょう)する : 이해, 양해하다.
- 泊まる : 숙박하다.
- 行き先(さき) : 행선지
- 義務(ぎむ)づけられる : 의무화되다.

호텔 객실 종류

- シングルルーム : 싱글 룸, 1인용 객실 또는 싱글 베드가 놓여 있는 1인실
- ダブルルーム : 더블 룸, 2인용 객실, 또는 더블 베드가 놓여 있는 2인실
- ツインルーム : 트윈 룸, 1인용 베드가 2개 놓여 있는 2인실
- スイートルーム : 스위트 룸, 응접실과 침실이 별도로 갖추어진 객실
- オンドルルーム : 한국 고유의 침실 방식으로 설비된 객실
- トリプルルーム : 트윈 룸에 추가침대 1개를 넣어 3인이 사용할 수 있는 객실

1日から 10日まで

一日(ついたち)、 二日(ふつか)、 三日(みっか)、 四日(よっか)、 五日(いつか)、
六日(むいか)、 七日(なのか)、 八日(ようか)、 九日(ここのか)、 十日(とおか)

1泊から 10泊まで

一泊(いっぱく)、 二泊(にはく)、 三泊(さんぱく)、 四泊(よんぱく)、 五泊(ごはく)、
六泊(ろっぱく)、 七泊(ななはく)、 八泊(はっぱく)、 九泊(きゅうはく)、 十泊(じゅっぱく)、
1泊二日(いっぱくふつか)、 二泊三日(にはくみっか)、 三泊四日(さんぱくよっか)

숙박등록 3

客　：今日、空き部屋はありますか。

クロック　：どのようなお部屋をご希望ですか。

客　：ツインルームがいいのですが、

クロック　：何泊(なんぱく)のご予定ですか。

客　：2泊です。

クロック　：少々お待ち下さい。お客様、今日と明日はお部屋の予約ができます。

客　：ああ、よかった。お部屋代の方はおいくらですか。

クロック　：お値段(ねだん)の方はこちらの料金表(りょうきんひょう)にございます。

客　：平日料金はあるのでしょうか。

クロック　：はい、平日料金は普通のお値段より20%割引(わりびき)いたしております。

客　：分かりました。この部屋にします。

クロック　：こちらのカードにご記入下さい。

숙박 등록 3

韓国語訳

손님 : 오늘, 빈 방 있습니까?
클럭 : 어떤 방을 염두에 두고 계십니까?
손님 : 트윈으로 해 주세요.
클럭 : 얼마나 체류하실 건가요?
손님 : 2박입니다.
클럭 : 잠시만 기다려 주십시오. 손님, 오늘과 내일은 예약 가능합니다.
손님 : 잘됐군요. 객실료는 어떻게 합니까?
클럭 : 객실료는 이 객실 요금표에 적혀 있습니다.
손님 : 주중 객실요금이 있습니까?
클럭 : 네, 주중 객실요금은 평균 객실료보다 20% 할인해 드리고 있습니다.
손님 : 잘 알겠습니다. 이 방으로 하겠습니다.
클럭 : 여기 기록부에 기록해 주십시오.

新(あたら)しい単語(たんご)

- 何泊(なんぱく) : 몇 박
- 希望(きぼう) : 희망
- 割引(わりびき) : 할인
- 空(あ)き部屋(べや)(空(あ)いている部屋(へや)) : 빈 객실
- 平日(へいじつ) : 평일
- 週末(しゅうまつ) : 주말
- お部屋代(へやだい) : 객실요금

숙박등록 4

客　：シングルルーム 今夜、予約できますか。

クロック　：申し訳ありませんが、今夜はあいにく満室となっております。

客　：他の部屋は取れませんか。どうしても宿泊したいのですが、

クロック　：えーと、他(ほか)のホテルでよろしければお捜(さが)しすることもできますが、

客　：他のホテルでも 捜(さが)していただけるんですか。

クロック　：はい、もちろんです。できるだけのことはいたしますから、お名前を教えていただけますか。

客　：井上キミコです。名字が井上で名前がキミコです。

クロック　：かしこまりました。では、そちらの方で座ってお待ちいただけますか。他のホテルをお捜しいたしますので、

숙박 등록 4

韓国語訳

손님 : 오늘밤 싱글 룸을 예약할 수 있습니까?

클럭 : 죄송합니다만, 오늘밤은 공교롭게도 예약이 완료되었습니다.

손님 : 저를 도와주실 방법은 없습니까? 저는 방이 꼭 필요합니다.

클럭 : 글쎄요. 다른 호텔의 방을 찾아봐 드릴 수 있습니다만, 괜찮겠습니까?

손님 : 다른 호텔의 객실을 찾는데 도와주시겠습니까?

클럭 : 물론이죠. 최선을 다하겠습니다. 성함을 알려 주시겠습니까?

손님 : 이노우에 키미꼬입니다. 성이 이노우에이고, 이름이 키미꼬입니다.

클럭 : 잘 알겠습니다. 저쪽에 앉아서 잠시만 기다려 주시겠습니까?
다른 호텔을 찾아보겠습니다.

新しい(あたら)單語(たんご)

- 今夜(こんや) : 오늘밤
- 座る(すわ) : 앉다.
- 名字(みょうじ) : 성
- できるだけ : 가능하다면
- 探す(さが)「捜す(さが)」: 찾다.
- 申し訳(もうわけ)ありません : 죄송합니다.
- よろしければ : 괜찮으시다면
- もちろんです : 물론입니다.
- 部屋(へや)が取(と)れますか。: 방을 예약할 수 있습니까?
- あいにく満室(まんしつ)です。: 공교롭게도 만실입니다.

숙박등록 5

クロック　：いらっしゃいませ。ホテルロッテへようこそお越し下さいました。

客　：チェックインをしたいのですが、

クロック　：ご予約はされていらっしゃいましたか。

客　：はい、名前は井上です。

クロック　：少々お待ち下さいませ。井上キミコ様でございますか。

客　：はい、そうです。

クロック：お客様のご予約はスイートで一泊ですね。

客　：はい、その通りです。

クロック　：お部屋はご用意できております。お客様のお部屋の番号は1002号室(ごうしつ)でございます。海が望(のぞ)めるすてきなお部屋でございますよ。こちらのカードにご記入いただいた後、キーをお渡しいたします。どうぞ、こちらです。

客　：レストランはまだ営業(えいぎょう)していますか。

クロック　：はい、すべて11時までの営業となっております。

客　：ビジネス施設(しせつ)などのようなものがありますか。

숙박 등록 5

韓国語訳

클럭 : 롯데호텔에 오신 것을 환영합니다.

손님 : 예약을 하고 싶은데요.

클럭 : 예약은 하셨습니까?

손님 : 예, 했습니다. 저의 이름은 이노우에입니다.

클럭 : 잠시만 기다려 주십시오. 이노우에 키미꼬씨입니까?

손님 : 예, 그렇습니다.

클럭 : 스위트룸을 하루 예약하셨군요.

손님 : 예, 맞습니다.

클럭 : 객실이 준비되어 있습니다. 손님의 객실은 1002호실입니다. 바다가 보이는 멋진 방입니다. 여기 숙박부에 기록해 주시면 열쇠를 드리겠습니다. 자, 여기에 있습니다.

손님 : 레스토랑은 아직 열려 있나요?

클럭 : 예, 물론입니다. 모든 레스토랑은 11시까지 영업합니다.

손님 : 비즈니스 시설은 어떤 것이 있습니까?

クロック　：必要なものはすべて整ってございます。国際(こくさい)電話、会議室(かいぎしつ)、五つの有名なレストラン、24時間使えるファクシミリ、リラックス室、フィットネスセンターなどがございます。なお、フィットネスセンターのご利用は10時までとなっております。

客　：へえ、それはいいですね。夕食の後(あと)、ぜひ利用してみたいですね。

クロック　：何か貴重品(きちょうひん)などこちらでお預かりするものがございますか。

客　：ここは安全そうですし、別に必要ではないと思います。

クロック　：かしこまりました。こちらがお部屋の鍵(かぎ)でございます。そちらのベルマンがお部屋までご案内いたします。

客　：素晴(すば)らしいですね。ありがとう。

クロック　：ごゆっくりお過ごし下さいませ。

클럭 : 필요로 하는 모든 것이 있습니다. 국제전화, 회의실, 다섯 개의 유명한 레스토랑, 24시간 사용할 수 있는 팩시밀리, 휴식을 취할 수 있는 휴게실 Fitness센터도 있습니다.
Fitness센터는 저녁 10시까지 이용하실 수 있습니다.

손님 : 오, 그것 잘됐군요. 저녁식사 후에 꼭 이용하고 싶군요.

클럭 : 귀중품 등 저희에게 맡길 것이 있습니까?

손님 : 아니요, 이 호텔은 안전한 것 같군요.

클럭 : 잘 알겠습니다. 자, 여기에 객실 열쇠가 있습니다.
벨맨이 객실까지 안내해 드리겠습니다.

손님 : 훌륭하군요. 감사합니다.

클럭 : 그럼, 편히 쉬십시오.

新(あたら)しい單語(たんご)

- お越(こ)し下(くだ)さいました : 잘 오셨습니다. (来(く)る의 존경의 표현)
- 用意(ようい) : 준비, 채비
- すてきだ : 멋지다.
- 望(のぞ)める : 바라볼 수 있다. (望(のぞ)む 바라보다의 가능 표현)
- 渡(わた)す : 건네주다.
- 整(ととの)う : 정돈되다, 갖추어지다.
- 預(あず)かる : 맡다, 보관하다.
- 素晴(すば)らしい : 멋지다, 훌륭하다.
- 鍵(かぎ) : 열쇠
- 過(す)ごす : (시간을) 지내다, 보내다.

숙박등록 6

クロック ： いらっしゃいませ。ようこそお越しくださいました。

客 ： 予約していたシングルルームにチェックインしたいのですが、私は井上キミコです。

クロック ： 井上キミコ様、少々お待ちくださいませ。はい、お部屋がご用意されております。ベルマンがお客様のお荷物をお部屋までお運びいたします。

客 ： いいえ、けっこうですよ。自分でやります。そんなに重くないですから、

クロック ： かしこまりました。え～と、明日の朝までにタイピングサービスと通訳を、なお、セミナールームの予約は夜7時でよろしかったでしょうか。

客 ： ええ、それでいいですよ。明日の朝、ちょうど9時にタイピングと通訳をよろしくお願いしますよ。

クロック ： 9時ですね。

客 ： はい。

クロック ： では、10%のサービス料金をお客様の領収書に追加させていただきます。また、申し訳ありませんが、10%の税金も別となっておりますがよろしいでしょうか。

客 ： つまり、20%の料金が部屋代に追加されるわけですね。

クロック ： はい、申し訳ございませんが、これがホテルの取り決めとなっております。

숙박 등록 6

韓国語訳

클럭 : 어서 오십시오. 잘 오셨습니다.

손님 : 예약한 싱글 객실에 투숙하고 싶은데요.
저의 이름은 이노우에 키미꼬입니다.

클럭 : 이노우에씨, 잠시만 기다려 주십시오. 네, 방이 준비되어 있습니다.
벨맨이 손님의 짐을 객실까지 옮겨 드리겠습니다.

손님 : 아니요, 괜찮아요. 제가 가져가겠어요. 무겁지 않으니까.

클럭 : 그렇게 하십시오. 그리고 내일 아침 타이핑과 통역, 세미나실 예약을 7시에 부탁하셨죠?

손님 : 네, 맞습니다.
내일 아침 9시 정각에 타이핑과 통역 서비스를 부탁해요.

클럭 : 정각 9시. 그렇게 하겠습니다.

손님 : 네.

클럭 : 그렇게 하시면, 봉사료 10%가 손님 영수증에 추가됩니다.
또한 죄송합니다만 세금 10%도 별도 계산될 것입니다.

손님 : 다시 말하자면 20%의 세금이 객실 요금에 추가되는 셈이군요.

클럭 : 예, 죄송합니다만, 이것이 호텔의 정책입니다.

新しい單語

- 運ぶ : 운반하다, 옮기다.
- ちょうど9時 : 정각 9시
- いいえ、けっこうです : 아니요, 괜찮습니다. (거절하거나 사양할 때)
- 自分でやります : 제가 하겠습니다.
- 税金 : 세금
- 領収書 : 영수증
- 取り決め : 결정사항(정책)
- 사역의 せて、させて+いただきます : ~하겠습니다. (동사+ます보다 겸양적 표현)

미니상식

일본은 1道(北海道), 1都(東京都), 2府(大阪府、京都府), 43県의 행정단위를 이루고 있고, 인구는 1억 2천 5백만명 정도이다.
지방별 현은 다음과 같다.

***北海道地域**(ほっかいどうちいき)
北海道(ほっかいどう)

***近畿地域**(きんきちいき)
三重県(みえけん)
滋賀県(しがけん)
京都府(きょうとふ)
大阪府(おおさかふ)
兵庫県(ひょうごけん)
奈良県(ならけん)
和歌山県(わかやまけん)

***中国地方**(ちゅうごくちほう)
鳥取県(とっとりけん)
群馬県(ぐんまけん)
埼玉県(さいたまけん)
千葉県(ちばけん)
東京都(とうきょうと)

***中部地域**(ちゅうぶちいき)
新潟県(にいがたけん)
富山県(とやまけん)
石川県(いしかわけん)
福井県(ふくいけん)
山梨県(やまなしけん)
長野県(ながのけん)
岐阜県(ぎふけん)
静岡県(しずおかけん)
愛知県(あいちけん)
島根県(しまねけん)
岡山県(おかやまけん)
広島県(ひろしまけん)
山口県(やまぐちけん)

***四国地域**(しこくちいき)
徳島県(とくしまけん)
香川県(かがわけん)
愛媛県(えひめけん)
高知県(こうちけん)

***九州地域**(きゅうしゅうちいき)
福岡県(ふくおかけん)
佐賀県(さがけん)
長崎県(ながさきけん)
熊本県(くまもとけん)
大分県(おおいたけん)
宮崎県(みやざきけん)
鹿児島県(かごしまけん)

***東北地域**(とうほくちいき)
岩手県(いわてけん)
青森県(あおもりけん)
宮城県(みやぎけん)
秋田県(あきたけん)
福島県(ふくしまけん)
山形県(やまがたけん)

***関東地域**(かんとうちいき)
茨城県(いばらきけん)
栃木県(とちぎけん)

***沖縄地域**(おきなわちいき)
沖縄県(おきなわけん)

숙박등록 7

クロック ： 何かお尋ねでしょうか。

井上 ： あのう、私ツアーガイドですが、予約の確認をしたいのですが、

クロック ： どちらの旅行代理店でご予約なさいましたか。

井上 ： 大阪の三鶴観光から申し込みましたが、

クロック ： はい、大阪の三鶴観光様からですね。ロッテホテルへようこそいらっしゃいました。お待ちしておりました。

井上 ： ええ、それはどうも。

クロック ： お客様は井上様ですよね。

井上 ： はい、私です。お部屋の方の準備はできていますか。
到着の時間はお知らせしておきましたが、

クロック ： はい、お伺いしております。お部屋の方はツインが24室、シングル1室で全部で49名様ですね。

井上 ： はい、だいじょうぶですよ。では、ルームリストを見せてもらえますか。

クロック ： はい、こちらに、グループの団体費用は一括払いでしょうか。

井上 ： はい、そのようにしてください。お部屋代と食事代は一括で、その他は別々にお願いします。

숙박 등록 7

韓国語訳

클럭 : 어서 오십시오. 무엇을 도와드릴까요?

손님 : 네, 저는 단체 여행 에스코트인데 예약 확인 좀 하겠습니다.

클럭 : 어느 여행사를 통하여 예약하셨습니까?

손님 : 오오사카의 (삼학)미츠루관광을 통하여 예약했습니다.

클럭 : 네, 오오사카의 삼학관광이군요. 롯데호텔에 오신 것을 환영합니다. 기다리고 있었습니다.

손님 : 고마워요.

클럭 : 손님께서는 이노우에씨 되시죠?

손님 : 그래요. 방은 준비됐죠? 도착 시간을 말씀드렸는데요.

클럭 : 네, 그렇습니다. 객실은 트윈 24개, 싱글 1실 전부 49분이군요.

손님 : 네, 맞아요. 객실 목록을 좀 볼 수 있을까요?

클럭 : 네, 여기 있습니다. 손님 그룹의 단체 비용은 일괄 계산할까요?

손님 : 네, 그렇게 해 주세요. 객실료와 식사비는 일괄처리하고 다른 것들은 개인 계산서에 넣어 주세요.

クロック ： 承知(しょうち)いたしました。お部屋当(あた)り鍵は一つですか。または二つにいたしましょうか。

井上 ： 二つがいいですね。今、いただけますか。

クロック ： はい、それではこちらです。ご予約の期間は2泊でよろしかったでしょうか。

井上 ： はい、そうです。ええと、荷物の方がもうすぐ到着すると思います。全部で62個です。

クロック ： わかりました。62個ですね。

井上 ： 名前の方は書いてありますのでベルマンに連絡(れんらく)してルームリストに載っている通りに各部屋に運んでいただけませんか。

クロック ： はい、お荷物の方が着(つ)きしだいそうさせていただきます。また、ご必要な物でもございましたらいつでもおっしゃってください。それではごゆっくりお過ごしください。

클럭 : 잘 알겠습니다. 각 방마다 열쇠 하나를 드릴까요?
아니면 두 개를 드릴까요?

손님 : 두 개가 좋겠군요. 지금 주시겠어요?

클럭 : 네, 여기 있습니다. 저희 호텔에서 2박 동안 머무르실 예정입니까?

손님 : 네, 그렇습니다.
그리고 저희 짐이 곧 도착할 텐데 모두 62개입니다.

클럭 : 네, 알겠습니다. 62개군요.

손님 : 가방마다 표가 붙어 있으므로 벨맨에게 연락하여 객실 목록표를 보고 각 객실로 보내 주세요.

클럭 : 네, 도착하는 대로 그렇게 하겠습니다. 그리고 저희가 도와드릴 일이 있으면 말씀해 주십시오. 그럼, 즐거운 시간 되십시오.

新しい単語

- 申し込む : 신청하다.
- 大丈夫だ : 괜찮다.
- 見せる : 보여주다.
- 訪ねる : 방문하다.
- 伺う : 듣다, 묻다의 겸양적 표현
- 一括払い : 일괄지불
- 別々に : 따로따로
- お待ちしておりました。: 기다리고 있었습니다. (待つ 기다리다.)
- 동사 ます형+次第 : ~하자마자

  着き次第 : 도착하는 대로(하자마자)
- 장소+に着く : (목적지에) 도착하다, 당도하다.
- そうさせていただきます : (そうします 그렇게 하겠습니다의 겸양적 표현)
- ~ 동사 사역형 せて/ させて+いただきます : ~하겠습니다.

  (동사 ます형 ~(읍)습니다의 정중한 겸양 표현)

  おっしゃる : 말씀하시다.

일본의 연호와 서기 바로알기

일본은 천황제의 국가이다. 그러므로 자국 내에서는 천황이 바뀔 때마다 외국인을 위한 공식서류 외에는 대부분 천황의 독특한 연호를 사용하므로 반드시 알아야 한다.

- 「1868年から1912年まで」は 明治 연호를 사용한다.
- 「1912年から1926年まで」は 大正 연호를 사용한다.
- 「1926年から1989年まで」は 昭和 연호를 사용한다.
- 「1989年から2019年 4월까지 平成 연호를 사용하였고, 5월부터 今和를 사용한다.

*천황이 바뀌는 해는 기존의 연호와 새로운 연호가 함께 사용된다.

1989년은 昭和64年으로 昭和의 마지막 해이면서도 平成 연호가 시작되는 해이기도 하다. 가령 서기 1995년이라면 일본연호로 바꾸면 平成7年이 된다. 그러므로 1989년은 昭和64年이면서 平成1年(平成元年)이라 하고, 2019년은 平成31年임과 동시에 今和(레이와)1年이 된다. (5월 1일부터 今和 시작)

개인 예약 사례

係り：おはようございます。客室予約でございます。

客：予約をお願いします。

係り：いつのお泊りでございますか。

客：10月15日からです。

係り：何泊のご予定でしょうか？

客：3泊です。

係り：何名様でしょうか？

客：私と妻の二人です。

係り：ツインまたはダブルのどちらがよろしいでしょうか？

客：ツイン部屋をお願いします。

係り：お調べいたしますので少々お待ち下さいませ。
お待たせいたしました。15,000円のお部屋と20,000円のお部屋がご用意できますが。いかがいたしましょうか。

客：20,000円の方でお願いします。

係り：かしこまりました。
名字のローマ字スペルをお願いします。

客：I-N-O-U-Eです。

係り：お客様、連絡先をお伺いできますでしょうか？

客：06-321-2345です。

개인 예약 사례

韓国語訳

담당 : 안녕하십니까. 객실 예약담당입니다.
고객 : 예약 좀 부탁합니다.
담당 : 언제 숙박할 예정입니까?
고객 : 10월 15일 부터입니다.
담당 : 며칠 숙박 예정입니까?
고객 : 3박입니다.
담당 : 몇 분 숙박 예정입니까?
고객 : 저와 아내 2사람입니다.
담당 : 트윈과 더블 중 어느 쪽으로 하시겠습니까?
고객 : 트윈으로 부탁합니다.
담당 : 확인해 볼 테니 잠시만 기다려 주십시오. 오래 기다렸습니다. 1만 5천 엔짜리 객실과 2만엔짜리 객실이 있는데, 어느 쪽으로 하시겠습니까?
고객 : 2만엔짜리 객실로 부탁합니다.
담당 : 잘 알겠습니다. 영문으로 성함 이니셜을 부탁합니다.
고객 : I-N-O-U-E입니다.
담당 : 고객님, 연락처를 말씀해 주시겠습니까?
고객 : 06-321-2345입니다.

係り ： 06-321-2345でございますか。お客様、ご連絡先はご自宅でしょうか？

客 ： そうです。

係り ： 当日のご到着予定時刻を伺えますでしょうか？

客 ： そうですね ……6時頃になると思います。

係り ： かしこまりました。ご予約を確認させていただきます。お客様ご夫婦、20,000円のツインのお部屋で10月15日から3泊でご予約を承りました。係は山田でございます。ありがとうございました。お待ち致しております。

담당 : 06-321-2345입니까? 연락처가 자택이십니까?

고객 : 그렇습니다.

담당 : 당일 도착 예정시간을 말씀해 주시겠습니까?

고객 : 글쎄요. 6시경이 될 것 같습니다.

담당 : 잘 알겠습니다. 예약을 확인하겠습니다. 고객님 2분, 2만엔 트윈 룸으로 10월 15일부터 3박 예약하셨습니다. 예약담당 야마다입니다. 감사합니다. 기다리고 있겠습니다.

고객 요청 객실이 없는 경우

係り ： どのようなお部屋がよろしいでしょうか？

客 ： ダブルの部屋をお願いします。

係り ： お調べいたしますので少々お待ち下さい。

…… お待たせいたしました。

申し訳ございませんが、ダブルのお部屋はおとりできませんが、ツインのお部屋ならご用意できますが、

客 ： わかりました。おいくらですか？

係り ： 25,000円と35,000円のお部屋がございます。

客 ： 25,000円の部屋でお願いします。

係り ： かしこまりました。

고객 요청 객실이 없는 경우

韓国語訳

담당 : 어떤 종류의 객실을 원하십니까?

고객 : 더블 룸을 부탁합니다.

담당 : 확인해 볼 테니 잠시만 기다려 주십시오.
…… 고객님 오래 기다렸습니다. 죄송합니다만, 더블 룸은 예약이 다 되었습니다. 트윈 룸이라면 예약 가능합니다.

고객 : 알겠습니다. 얼마입니까?

담당 : 2만 5천 엔, 3만 5천 엔 객실 두 종류가 있습니다.

고객 : 2만 5천 엔 객실로 부탁합니다.

담당 : 잘 알겠습니다.

예약 불가 사례

係り ： おはようございます。客室予約でございます。

客 ： 予約をお願いします。

係り ： いつのお泊りでいらっしゃいますか？

客 ： 4月18日一泊です。

係り ： お調べいたしますので少々お待ち下さい。
…… お待たせいたしました。
申し訳ございませんが、あいにくこの日は現在のところご予約でいっぱいでございます。
ご予定の変更はお願いできませんでしょうか。

客 ： その日でないと困るんだ、

係り ： それでは、まだ日もございますのでキャンセル等も出るかと思われます。
日が近づきましたら、いま一度お電話いただけますでしょうか?

客 ： じゃあ、キャンセルが出たら連絡してくれますか？

係り ： 申し訳ございませんが、キャンセル待ちの手続きをいたしておりませんので、
お客様からいま一度お電話をいただけますでしょうか？

客 ： そうですか？

係り ： ご希望に沿えませんで申し訳ございません。またのご利用をお待ちしております。

예약 불가 사례

韓国語訳

담당 : 안녕하십니까? 객실예약 담당입니다.

고객 : 예약을 하고 싶은데요.

담당 : 언제 숙박하실 예정입니까?

고객 : 4월 18일 1박입니다.

담당 : 확인해 볼 테니 잠시만 기다려 주십시오.
……고객님 오래 기다렸습니다. 죄송합니다만, 이날은 예약이 다 찼습니다. 예정(일정)을 변경할 수는 없겠습니까?

고객 : 그날이 아니면 곤란한데……

담당 : 그럼, 아직 날짜가 많이 남았으니 취소가 나올지도 모르겠습니다.
날짜가 다가오면 다시 한 번 전화 주시겠습니까?

고객 : 그럼, 취소가 나오면 연락 주시겠습니까?

담당 : 죄송합니다만, 취소 후 예약 대기 절차를 하지 않기 때문에 고객님께서 다시 한 번 전화 주시지 않겠습니까?

고객 : 그렇습니까?

담당 : 고객님의 요구를 들어드리지 못해 죄송합니다.
다음 기회에 또 이용 부탁드립니다.

커넥팅 룸 예약

係り ： どのようなお部屋がよろしいでしょうか？

客 ： 家族４人で泊まるので、できれば中に扉がのあるような部屋がいいのだけど、

係り ： かしこまりました。

コネクティングのご希望(きぼう)としてお伺いいたしておきますが、お取りできない時は隣りどうし、あるいは向かい合わせのお部屋をご用意させていただきます。よろしいでしょうか？

客 ： ええ、でも子供が小さいものですからできるだけコネクティングルームにして下さい。

커넥팅 룸 예약

韓国語訳

담당 : 어떤 종류의 객실이 필요하십니까?

고객 : 가족이 4사람 숙박하기 때문에, 가능하면 가운데 중문이 있는 그런 객실이라면 좋겠는데요.

담당 : 잘 알겠습니다. 커넥팅 룸을 희망하시는군요. 만약 예약이 어려울 때는 나란히 옆 객실로 하거나, 서로 마주보는 객실로 준비하겠습니다. 괜찮겠습니까?

고객 : 예, 하지만 아이가 어리기 때문에 가능하다면 커넥팅 룸으로 부탁합니다.

新しい単語

- 向かい合わせのお部屋 : 마주 보고 있는 객실
- 隣りどうしのお部屋 : 바로 옆 방
- 中扉 : 중간 문
- 泊まる : 숙박하다.

예약 접수 사례

係り ： いらっしゃいませ。

客 ： チェックインしたいのだけど、

係り ： かしこまりました。お名前をお願いいたします。

客 ： ロバート・ジンマーマンです。

係り ： ご予約でいらっしゃいますか？

客 ： うん、今晩からね。

係り ： 少々お待ちくださいませ。ただいまお調べいたします。

…… お待たせいたしました。

シングルルーム３泊でご予約をいただいております。

レジストレーションカードの記入をお願いします。

客 ： 分かりました。(記入する)

係り ： ご出発日を確認させていただきたいのですが、

客 ： ５日に出発します。

係り ： お支払いはどのようになさいますか？

客 ： アメリカンエキスプレスでお願いします。

係り ： カードをプリントさせていただけますか？

どうもありがとうございました。お客様のお部屋は５階の543号室でございます。ベルマンがご案内いたしますので少々お待ち下さい。どうぞごゆっくりお過ごしくださいませ。

예약 접수 사례

韓国語訳

담당 : 어서 오십시오. 무엇을 도와드릴까요.

고객 : 체크인 하고 싶은데요.

담당 : 잘 알겠습니다. 고객님 성함이 어떻게 됩니까?

고객 : 로버트 짐머먼입니다.

담당 : 예약하시겠습니까?

고객 : 예, 오늘밤부터 부탁해요.

담당 : 잠시만 기다려 주십시오. 확인해 보겠습니다.
…… 고객님 오래 기다렸습니다. 싱글 룸으로 3박 예약되어 있습니다. 숙박카드를 작성해 주시겠습니까?

고객 : 잘 알겠습니다.

담당 : 출발일을 확인해도 되겠습니까?

고객 : 5일 출발입니다.

담당 : 지불은 어떻게 하시겠습니까?

고객 : 아메리칸 익스프레스 카드로 하겠습니다.

담당 : 카드 프린트 하겠습니다.
고객님의 객실은 5층 534호실입니다. 벨맨이 객실까지 안내할 테니 잠시만 기다려 주십시오. 그럼, 즐거운 시간되시길 바랍니다.

新(あたら)しい単語(たんご)

- お支払い ： 지불
- 調べる ： 조사하다.
- 今晩 ： 오늘밤
- 出発日 ： 출발일

객실요금 지불방법

- カードをプリントさせていただきます。少しでもお待たせする時間を短(みじか)くするために皆様(みなさま)にお願いしております。

  카드를 프린트하겠습니다.(카드오픈)조금이라도 기다리는 시간을 줄이기 위해 고객님들에게 부탁드리고 있습니다.
- お支払方法(しはらいほうほう)はどのようになさいますか。

  객실요금 지불방법은 어떻게 하시겠습니까?
- 念(ねん)のため、ご連絡先(れんらくさき)をお願(ねが)いできますか。

  혹시 모르니 연락처를 알려주십시오.
- もし　お客様がこちらのホテルにお泊まりでしたら、こちらにサインを頂(いただ)ければお食事はチェックアウト時にお支払い頂けます。

  손님이 이 호텔에 숙박하고 계신다면 이쪽에 사인을 하시면 체크아웃 때에 지불 하실 수 있습니다.

PART 3

객실 서비스

객실 서비스는 고객이 객실에서 식음료를 주문하면 주문한 음식을 객실까지 배달하여 제공하는 서비스를 말한다. 객실 서비스는 고객이 레스토랑에서 식사하는 것과 같은 기분이 들도록 준비하여 제공되어야 하고, 고객이 요구하는 것을 신속하고 정확하게 서비스하는 것이 기본이다.

객실 서비스는 24시간 근무체계가 이루어져야 하므로 3교대로 움직인다. 업무를 관장하는 지배인과 주문을 받는 오더테이크, 음식을 객실까지 서빙하는 웨이터 등으로 근무조가 구성된다.

객실 서비스 1

係り ： 客室係(きゃくしつがかり)でございます。入ってよろしゅうございますか？

客 ： ええ、何の用ですか？

係り ： お邪魔(じゃま)いたします。お部屋の掃除(そうじ)に伺いました。ただ今始めてもよろしいでしょうか？

客 ： 今はちょっと用があるので、後にしてもらえませんか？

係り ： 何時頃がよろしいでしょうか？

客 ： ええと、5時頃はどうですか？

係り ： 恐れ入りますが午後４時半から６時まではお掃除(そうじ)は休ませていただいております。

6時から７時半の間ではいかがでしょうか？

客 ： そうですね、どちらにしても外出していると思います。

객실 서비스 1

韓国語訳

담당 : 객실담당입니다. 들어가도 되겠습니까?

고객 : 예, 무슨 일입니까?

담당 : 실례합니다. 객실 청소 때문에 방문했습니다.
지금 시작해도 괜찮겠습니까?

고객 : 지금은 좀 볼 일이 있는데, 오후에 해 주시겠습니까?

담당 : 몇 시 경이 괜찮으시겠습니까?

고객 : 5시 경이면 어떨까요?

담당 : 죄송합니다만, 4시 반부터 6시까지는 청소는 쉬게 되어 있습니다. 6시부터 7시 사이는 어떻겠습니까?

고객 : 그렇군요. 어느 쪽으로 하든 그 시간에는 외출 중일 겁니다.

新しい単語 (あたらしいたんご)

- お邪魔いたします : 실례합니다. (객실 방문 시)
- お掃除 : 청소
- 何の用 : 무슨 용무(볼일)
- 동사て형＋もらえ(ますか)ませんか (～ていただけ(ますか)ませんか)
  : ～해 받을 수(～해 줄 수) 있겠습니까?
- 사역형 せて＋いただきます 사역형 させて＋いただきます
  : ～하겠습니다. (동사ます형보다 정중한 겸양 표현)

전기 기구 등의 고장

係り ： 客室係でございます。入ってよろしゅうございますか？

客 ： どうぞ、お入り下さい。

係り ： お呼びでございましょうか？

客 ： ええ、テレビが映(うつ)らないんですよ。

係り ： 申し訳ございません。すぐ係を伺(うかが)わせます。

客 ： それともう一つ、隣の部屋の人がとても騒(さわ)がしいんですが。

係り ： ご迷惑(めいわく)をかけて申し訳ございません。ただ今お調べいたします。

客 ： ええ、忘(わす)れないで下さい。

係り ： 私の責任(せきにん)で間違(まちが)いなくいたします。お待ちくださいませ。

전기 기구 등의 고장

韓国語訳

담당 : 룸서비스입니다. 들어가도 괜찮겠습니까?

고객 : 들어오세요.

담당 : 고객님께서 호출하셨습니까?

고객 : 예, 텔레비전이 안 나옵니다.

담당 : 죄송합니다. 즉시 담당자를 보내겠습니다.

고객 : 그리고 하나 더, 옆 객실의 손님이 너무 시끄러운데요.

담당 : 대단히 죄송합니다. 지금 즉시 확인하겠습니다.

고객 : 꼭 잊지 마세요.

담당 : 책임지고 틀림없이 하겠습니다. 그럼 편안한 시간되시길..

新(あたら)しい單語(たんご)

- 映る : 비추다. (방영하다.)
- 騒がしい : 소란스럽다. (시끄럽다.)
- ご迷惑をかける : 폐를 끼치다.
- 間違いなく : 틀림없이
- 伺わせる : 방문하도록 하다. (찾아뵙게 하다.)
- 忘れる : 잊어버리다. (깜박하다.)
- お呼び : 호출

자판기 등 호텔 내 시설

客　：冷(つめ)たい水をもらえますか？

係り：申し訳ございませんが、客室係の方では冷たい水はご用意しておりません。

客　：どこに行けばありますか？

係り：エレベーターホールの隣りに製氷機(せいひょうき)がございますのでご自由にお使い下さい。

客　：そうですか。エレベーターのそばですね？

係り：はい。ご自由にどうぞ。

*　　　*　　　*

客　：コカコーラを2本お願いします。

係り：申し訳ございませんが、客室係の方ではお飲物は扱っておりません。
ダイアル2番でルームサービスへお申し付け下さい。

客　：ルームサービスでは時間がかかるし、私はすぐにほしいんですよ。

係り：お飲物の自動販売機(じどうはんばいき)がエレベーター隣りにございますが、ご自由(じゆう)にお使い下さい。

客　：じゃあ、そうします。

자판기 등 호텔 내 시설

韓国語訳

고객 : 차가운 얼음물 좀 갖다 주시겠습니까?
담당 : 죄송합니다만, 객실부서에는 차가운 얼음물이 준비되어 있지 않습니다.
고객 : 어디에 가면 있습니까?
담당 : 엘리베이터 옆에 제빙기가 있으므로 자유롭게 이용해 주시기 바랍니다.
고객 : 그렇습니까? 엘리베이터 옆에 있군요.
담당 : 예, 자유롭게 이용해 주시기 바랍니다.

* * *

고객 : 코카콜라 2병 부탁합니다.
담당 : 죄송합니다만, 객실부서에서는 음료수를 취급하지 않습니다.
다이얼 2번 룸서비스를 신청하시기 바랍니다.
고객 : 룸서비스를 부르면 시간이 걸리고, 저는 빨리 마시고 싶습니다.
담당 : 음료 자판기가 엘리베이터 옆에 있습니다.
자유롭게 이용해 주시기 바랍니다.
고객 : 예, 그렇게 하겠습니다.

전화 고충 사례

客　：オペレータですか。
さっきからフロントデスクにかけているのですが、まだつながらないんですよ。
何でこんなにかかるのですか？

係り：大変ご迷惑をおかけいたしましてもうしわけございません。よろしければこちらからお呼び返しするように伝えておきますが、いかがいたしましょうか？

客　：そうして下さい。

(同時着信による不通)

客　：4312号室をお願いします。

係り：かしこまりました。
……お待たせいたしました。お部屋の方からお返事ございませんが、

客　：そんな訳ないと思います。
この10分間に２度も電話したのにいずれも話し中だったのですから、

係り：申し訳ございません。
2本の電話から同時にかかりますと後の方がお話し中になってしまいますので、

客　：そういうわけですか。それならわかりました。

전화 고충 사례

韓国語訳

고객 : 교환입니까? 조금 전부터 프런트 데스크에 전화했는데 아직 연결이 안되고 있습니다. 왜 이렇게 오래 걸리죠?

담당 : 대단히 죄송하게 되었습니다. 괜찮으시다면 저희 쪽에서 고객님께 전화드리라고 전하겠습니다. 괜찮겠습니까? 고객님.

고객 : 그렇게 해주세요.

(동시 착신에 의한 불평)

고객 : 4312호실로 부탁합니다.

담당 : 잘 알겠습니다.
… 오래 기다리셨습니다. 객실에서 아무런 응답이 없는데요.

고객 : 그럴 리가 있나요. 조금 전 10분 동안 2번이나 전화했는데, 그때는 통화중이었는데.

담당 : 죄송합니다. 2곳에서 동시에 전화가 걸려오면 뒤에 건 전화는 통화중으로 나타나므로,

고객 : 그래요. 그럼 알겠습니다.

모닝콜 안내 사례

客(きゃく)　：もしもし、私、井口で、100号室にいる者ですが、モーニングコールを6時30分にお願いできますか。
9時の飛行機に乗らないといけないのですが、

フロント　：それでしたら、6時30分よりもう少しお早くお起きになった方がよろしいかと思います。

客(きゃく)　：はい。それでしたら6時に起こして下さい。

(モーニングコール)

フロント　：おはようございます。井口様モーニングコールでございます。
只今(ただいま)6時でございます。今日はとても寒(さむ)くなるそうです。
天気予報(てんきよほう)では雪(ゆき)になると言っておりました。

客(きゃく)　：分かりました。ありがとう。

모닝콜 안내 사례

韓国語訳

손 님 : 여보세요. 저는 井口로 100호실에 있는 사람인데요, 모닝콜을 6시 30분에 부탁할 수 있을까요? 9시 비행기를 타야 하거든요.

프런트 : 그러시다면 6시 30분보다 좀더 일찍 일어나시는 쪽이 좋을 것 같은데요.

손 님 : 예, 그럼 6시에 깨워주세요.

(모닝콜)

프런트 : 좋은 아침입니다. 井口씨 모닝콜입니다. 지금 6시입니다. 오늘은 날씨가 매우 추워졌습니다. 일기예보에는 눈이 온다고 했습니다.

손 님 : 알겠습니다. 고맙습니다.

여러 상황별 전화 응대 요령

- 申し訳ありません。ただいま席をはずしております。

  죄송합니다. 지금 자리를 비우고 안 계십니다.

- あいにく出張中(外出中) でございます。

  지금 출장 중(외출 중)이십니다.

- ほかの電話に出ておりますが、(ほかの電話をとっておりますが)、

  다른 전화를 받고 있습니다만,

- 今、会議中ですから、電話をお繋ぎいたしかねますが。

  지금 회의 중이라 전화를 받기 곤란합니다.

- 何かお伝えすること (伝言) でもございましたら、私がお伝えいたします。

  전하실 말씀이라도 계시면 제가 전해드리겠습니다.

- 申し訳ございませんが、少ししてから、お掛け直しいただけますか?

  죄송하지만, 잠시 후에 다시 전화 주시겠습니까?

- お電話をいただいたとお伝え致します。

  전화 왔었다고 전해 드리겠습니다.

- 念のため、ご連絡先をお願いできますか。

  혹시 모르니까 연락처를 알려주십시오.

- お急ぎのご用でしょうか。

  급하신 용건인가요?

PART 4

프런트 데스크

프런트 데스크는 고객의 편의와 서비스 판매를 위한 핵심부서이고, 호텔을 찾은 고객의 숙박 절차를 밟게 된다. 이때 클럭은 고객에 대한 기본적인 사항인 예약여부, 고객의 이름, 객실의 종류, 숙박기간, 요금지불 방법 등을 확인하게 된다. 그 외에도 예약 내용에 없는 다른 요구사항을 고려하여 객실을 배정하게 된다. 한편, 투숙 중인 고객에게 메시지가 도착하면 메시지 도착 사실을 알리고, 고객이 외출 중이면 key box에 꽂아둔다.

프런트 업무

係り ： いらっしゃいませ。

客 ： どうも。

係り ： お荷物はおいくつでございますか？

客 ： 三個です。

係り ： スーツケース二つとバッグ一つでございますか？

客 ： そう、それで全部です。

係り ： フロントへご案内いたします。どうぞこちらへ、

…………………………………………………………

お客様のお荷物は柱のところにお置きしておきます。

客 ： そうですか、どうもありがとう。

係り ： チェクインの手続きがお済になりましたらベルマンがお部屋までご案内申し上げます。

客 ： わかりました。

係り ： ごゆっくりどうぞ、

프런트 업무

韓国語訳

담당 : 어서 오십시오.
고객 : 고맙습니다.
담당 : 짐은 몇 개입니까?
고객 : 3개입니다.
담당 : 여행용 가방 2개와 작은 손가방 1개입니까?
고객 : 그래요. 그게 전부입니다.
담당 : 프런트로 안내하겠습니다.

……………………………………………………

고객님의 짐은 기둥 부근에 두겠습니다.

고객 : 그래요. 고맙습니다.
담당 : 체크인 절차가 끝나면 벨맨이 객실까지 안내해 드리겠습니다.
고객 : 감사합니다.
담당 : 천천히 즐거운 시간되시길 바랍니다.

関連表現

- お荷物はおいくつでございますか? 짐은 몇 개입니까?
- こちらが受付(チェックイン)カウンターでございます。 이쪽이 체크인 카운터입니다.
- 只今、大変混み合っております。恐れ入りますが、お並びになってお待ち下さいませ。
  지금 상당히 붐비고 있습니다. 죄송합니다만, 줄을 서서 기다려 주시지 않겠습니까?

객실 안내 1

係り ： いらっしゃいませ。お部屋へご案内いたします。
お荷物はスーツケース二つとバッグ一つの三つでございますか？

客 ： そうです。

係り ： ご貴重品やこわれものはございませんでしょうか？

客 ： バッグにウィスキーが入っています。

係り ： 申し訳ございませんが、ビン物は壊(こわ)すといけませんので、このバッグはお客様ご自身でお持ちいただけませんでしょうか？

客 ： いいですよ。

係り ： ありがとうございます。お部屋の鍵をお預り致したいのですが、

客 ： はい、どうぞ。

係り ： ありがとうございます。お客様のお部屋は23階でございます。
どうぞこちらへ。

객실 안내 1

韓国語訳

벨맨 : 어서 오십시오. 객실까지 안내하겠습니다.
짐은 여행용 가방 2개와 손가방 1개 모두 3개군요.

고객 : 그렇습니다.

벨맨 : 귀중품이나 깨지기 쉬운 물건은 없습니까?

고객 : 손가방에 위스키가 들어 있습니다.

벨맨 : 죄송합니다만, 병에 든 물건은 깨지면 안되기 때문에 이 손가방은 직접 들어주시지 않겠습니까?

고객 : 그렇게 하겠습니다.

벨맨 : 객실 열쇠를 제가 맡아두겠습니다.

고객 : 예, 여기 있습니다.

벨맨 : 감사합니다. 고객님의 객실은 23층입니다. 가시죠.

関連表現

- 台車を持って参りますので少々お待ち下さい。
  짐수레를 가져올 테니 잠시만 기다려 주십시오.
- 貴重品や壊れ物はございませんでしょうか。
  귀중품이나 깨지기 쉬운 물건은 없습니까?
- お客様のお荷物はこちらでございますか? 고객님의 짐은 여기 있는 것입니까?

객실 안내 2

係り ： こちらのお部屋でございます。
(チャイムを鳴(な)らしてから鍵(かぎ)を空け、室内の照明(しょうめい)を灯ける) どうぞ。お荷物はこちらにお置きしてよろしいでしょうか？
客 ： どこでもいいから置いてください。
係り ： お荷物の数は合っておりますでしょうか？
客 ： えーと、それで全部です。
係り ： コートはこちらにお掛けいたしておきます。
客 ： ええ、お願いします。
係り ： カーテンをお開けしましょうか？
客 ： ええ、そうしてください。
係り ： お部屋の温度はいかがでしょうか？
客 ： 少し暑いな。温度を下げてくれますか？
係り ： かしこまりました。温度が下がるまでにおよそ30分程かかるかと存じますが、
客 ： 少しの間(あいだ)、窓(まど)を開(あ)けておいてもらえますか？
係り ： 窓はお開けできないようになっておりますので30分たちましても変わりませんでしたら、お電話33番でご連絡下さい。
客 ： 33番ですね？
係り ： はい、さようでございます。
係り ： こちらがお部屋の鍵でございます。他にご用はございませんでしょうか。
客 ： ありません。
係り ： どうぞ、ごゆっくりお過ごし下さい。

객실 안내 2

韓国語訳

벨맨 : 이쪽 객실입니다.
(초인종을 누르고 문을 열어 실내조명을 켜다)
고객님, 짐은 여기에 두어도 괜찮겠습니까?
고객 : 어디에 놓아도 괜찮습니다.
벨맨 : 짐 숫자가 정확한지 확인해 주십시오.
고객 : 그게 전부입니다.
벨맨 : 코트는 여기에 걸어 두겠습니다.
고객 : 예, 부탁합니다.
벨맨 : 커튼을 열어 드릴까요?
고객 : 그렇게 해주세요.
벨맨 : 객실 온도는 어떻습니까?
고객 : 조금 덥군요. 온도를 낮춰 주겠습니까?
벨맨 : 잘 알겠습니다. 온도가 내려가기까지 30분 정도 걸립니다만,
고객 : 잠시 창문을 열어 주겠습니까?
벨맨 : 고객님, 창문은 안 열리게 되어 있기 때문에, 30분 정도 지나도 온도 변화가 없으면 33번으로 연락 주시기 바랍니다.
고객 : 33번이라고요.
벨맨 : 예, 그렇습니다.
벨맨 : 룸 키 여기 있습니다. 또 부탁하실 일은 없습니까?
고객 : 없습니다.
벨맨 : 그럼 즐거운 시간되시길 바랍니다.

봉사료 거절 사례

客　：これ、取っておいて下さい。

係り：お気持ちはたいへんありがたいですが、私共ではチップをいただかないことになっておりますので、

客　：いいから、取っておいて下さい。

係り：さようでございますか。では有難(ありがた)く頂戴させて頂きます。

봉사료 거절 사례

韓国語訳

고객 : 이것 받아주세요.

벨맨 : 고객님, 마음은 감사합니다만, 저희 호텔은 봉사료를 받지 않습니다.

고객 : 괜찮으니 받으세요.

벨맨 : 그렇습니까? 그럼, 감사하게 받겠습니다.

세탁물 서비스

客　：洗濯物をたのみたいのだけど、どこでやってもらえますか？

係り：お部屋の電話で33番の客室係へお申しつけ下さい。

客　：至急でやってもらえますか？

係り：はい、お受けしております。詳しいことは33番でお尋ねいただけますでしょうか？

세탁물 서비스

韓国語訳

고객 : 세탁물 서비스를 부탁하고 싶은데, 어디에 부탁하면 됩니까?

벨맨 : 객실전화로 33번 객실 담당자에게 신청하시면 됩니다.

고객 : 지금 곧바로 부탁할 수 있습니까?

벨맨 : 예, 접수 가능합니다. 자세한 내용은 33번으로 문의하시면 됩니다.

関連表現

- ただいままいりますので、少々お待ちください。
  지금 즉시 갈테니 잠시만 기다려 주십시오.
- 上へまいります。(下へまいります。) 위로 올라갑니다.
- レストランへはこちらのエレベーターをご利用下さい。
  레스토랑은 이쪽 엘리베이터를 이용 바랍니다.
- 上(下)でいらっしゃいますか？ 위 (아래)로 가십니까?
- (ご利用階は) 何階でございますか？(이용 층)은 몇 층이십니까?
- 各階止まりでございます。각 층마다 멈춥니다.
- 最上階のレストランへいらっしゃるのでしたら21階でエレベーターをお乗り換え下さい。
  맨 위층 레스토랑으로 가신다면 21층에서 엘리베이터를 갈아 타주십시오.
- レストランへの専用のエレベーターでございます。레스토랑 전용 엘리베이터입니다.
- お先にどうぞ。(常にお客様の乗降を先にすること)
  먼저 타십시오. (고객을 먼저 탑승하도록 한다.)

퇴숙 절차

係り ： ベルキャプテンデスクでございます。

客　 ： これからチェックアウトしたいんですけど、荷物をとりにきてもらえますか？

係り ： かしこまりました。お部屋番号をお願いいたします。

客　 ： 932号室です。

係り ： 932号室でございますか。
ただいまベルマンを伺わせますのでお部屋で少々お待ち下さいませ。

……………………………………………………………

ベルマン:お早うございます。お荷物をお持ちいたします。

客　 ： どうもありがとう。そこのスーツケースを２つおねがいします。
バッグは自分で持っていくからけっこうです。

係り ： かしこまりました、スーツケース2点でございますか。

客　 ： そうです。

係り ： 貴重品や壊(こわ)れ物はございませんでしょうか？

客　 ： いいえ。

係り ： こちらがお荷物の預かり証(しょう)でございます。
お荷物はベルキャプテンデスクにおろしておりますのでそちらでお受け取り下さい。

客　 ： わかりました。

係り ： 失礼いたします。

퇴숙 절차

韓国語訳

담당 : 벨 캡틴 데스크입니다.
고객 : 지금 체크아웃 하고 싶은데, 짐을 받으러 와 주시겠습니까?
담당 : 잘 알겠습니다. 객실 번호를 말씀해 주시겠습니까?
고객 : 932호실입니다.
담당 : 932호실입니까? 지금 즉시 벨맨을 보낼 테니 객실에서 잠시만 기다려 주십시오.

....

벨맨 : 안녕하십니까? 짐을 가지러 왔습니다.
고객 : 감사합니다. 거기 여행용 가방 2개 부탁합니다.
손가방은 제가 직접 들고 가겠습니다.
벨맨 : 잘 알겠습니다. 여행용 가방 2개군요.
고객 : 그렇습니다.
벨맨 : 귀중품이나 깨지기 쉬운 물건은 없습니까?
고객 : 아니요.
벨맨 : 이것이 짐 보관증입니다. 짐은 벨 캡틴데스크에 갖다 둘 테니 그곳에서 찾으시기 바랍니다.
고객 : 잘 알겠습니다.
벨맨 : 실례했습니다.

新しい單語

- お荷物の預かり証 : 물품 보관증
- 壊れ物 : 깨지는 물건
- 受け取る : 수취하다, 찾다.
- 自分で持っていく : 직접 들고 가다.
- 荷物をとりにきてもらえますか : 짐을 가지러 와 주시겠습니까?

고객 짐 찾기

客　：荷物を部屋から降ろすようにお願いしたのですが、こちらにありますか？

係り：はい。お部屋の鍵を拝見できますでしょうか？

客　：もうチェックアウトしてしまったので持ってないのだけど。

係り：それでは領収証を拝見できますでしょうか？

客　：これです。

係り：ありがとうございます。ベルマンがお荷物をお持ちいたしますので少々お待ちください。

고객 짐 찾기

韓国語訳

고객 : 객실 짐을 내려달라고 부탁했었는데, 여기에 있습니까?

담당 : 예, 객실 키를 보여 주시겠습니까?

고객 : 이미 체크아웃 했기 때문에 키를 가지고 있지 않은데요.

담당 : 그럼, 영수증을 보여 주시겠습니까?

고객 : 여기 있습니다.

담당 : 감사합니다. 벨맨이 짐을 가져올 테니 잠시만 기다려 주십시오.

고객 짐 전달

客　：これを預けたいのですが、

係り：かしこまりました。貴重品や壊れやすいものがございますか？

客　：いいえ、ありません。

係り：かしこまりました。33番の札でお預かりいたします。

客　：こちらのクロークルームは何時まででですか？

係り：9時まででございます。

客　：困ったわ。10：30ごろまでは戻れないのですが、

　　　バッグはどこで受けとれますか？

係り：ロビー階のクロークにお移ししておきますので、そちらでお受け取り下さい。

客　：わかりました。どうもありがとう。

係り：どういたしまして、

고객 짐 전달

韓国語訳

고객 : 이것을 맡기고 싶은데요.

담당 : 잘 알겠습니다. 귀중품이나 파손되기 쉬운 물건은 없습니까?

고객 : 아니요, 없습니다.

담당 : 잘 알겠습니다. 33번 짐표로 맡아 두겠습니다.

고객 : 이곳 클럭 룸은 몇 시까지입니까?

담당 : 9시까지 입니다.

고객 : 곤란하게 되었군. 10시 30분까지는 못 돌아올 것 같은데요.
가방은 어디에서 찾습니까?

담당 : 로비 층 클럭 데스크에 옮겨 놓을 테니, 그곳에서 찾으시기 바랍니다.

고객 : 알겠습니다. 감사합니다.

담당 : 천만에요.

짐 교환권 분실 사례

係り ： いらっしゃいませ。
客 ： 今朝、ここにレインコートを預けたのだけど、引換札を失くしてしまったんですよ。
係り ： 引換札の番号か色を覚えていらっしゃいますか？
客 ： いいえ、ブルーだったような気もするのだけど。
係り ： こちらのクロークにお預けになったのでございますか？
客 ： ええ。
係り ： どのようなコートでございますでしょうか？
客 ： ベージュ色で茶色のチェックが入った厚手のコートです。
係り ： ポケットに何かございますでしょうか？
客 ： ええと、ハンカチと名刺が何枚か入っているはずです。
「セントマイケル」というラベルがついています。
係り ： コートにネームはございますでしょうか？
客 ： 入っていないと思います。
係り ： 何か身分証明になるものを拝見できますでしょうか？
客 ： 私の名刺です。でも何でそんなにいろいろと聞くの？
係り ： 私共では似たようなコートをたくさんお預かりしておりますので間違えてしまうものですから。
客 ： わかりました。
係り ： お調べいたしますので少々お待ちください。
……………………………………
お待たせいたしました。こちらでございますか？
客 ： それです。お手数をかけました。
係り ： どういたしまして。ありがとうございました。

짐 교환권 분실 사례

韓国語訳

담당 : 어서 오십시오.
고객 : 오늘 아침 이곳에 레인코트를 맡겼는데, 인수증을 분실했습니다.
담당 : 인수증 번호나 색을 기억하고 계십니까?
고객 : 아니요, 푸른색으로 기억하는데요.
담당 : 저희 클럭 룸에 맡겼습니까?
고객 : 예.
담당 : 어떤 코트입니까?
고객 : 베이지색으로 갈색 체크무늬가 들어간 두툼한 코트입니다.
담당 : 호주머니에 뭔가 들어 있습니까?
고객 : 손수건과 명함 몇 장이 들어 있었습니다.
(센트 마이클)이라는 코트 라벨이 붙어 있습니다.
담당 : 코트에 성함은 적혀 있지 않습니까?
고객 : 적혀 있지 않은 것 같습니다.
담당 : 뭔가 신분을 확인할 수 있는 것을 보여 주시겠습니까?
고객 : 제 명함입니다. 그런데 왜 그렇게 여러 가지를 물어 보는 거죠?
담당 : 저희들로서는 비슷한 코트를 여러 벌 보관하고 있기 때문에, 실수할 수 있기 때문에 그렇습니다.
고객 : 알겠습니다.
담당 : 확인해 볼 테니 잠시만 기다려 주십시오.
기다리게 해 죄송합니다. 이 코트입니까?
고객 : 그렇습니다. 수고를 끼쳐 죄송합니다.
담당 : 천만에요. 감사합니다.

환전

係り ： いらっしゃいませ。

客 ： 両替(りょうがえ)をしてもらえますか。

係り ： かしこまりました。こちらの用紙(ようし)にご記入いただけますでしょうか。

客 ： わかりました。……これでいいですか？

係り ： かしこまりました。200ドルを円にご両替でございますか。

客 ： そうです。

係り ： ただいま計算(けいさん)いたしますので少々お待ち下さいませ。

…… お待たせいたしました。

本日のレートで26,000円でございます。

客 ： わかりました。ではこれをお願いします。

係り ： こちらが日本円でございます。ありがとうございました。

환전

韓国語訳

담당 : 어서 오십시오. 무엇을 도와드릴까요?

고객 : 환전을 부탁합니다.

담당 : 잘 알겠습니다. 환전 신청용지를 작성해 주십시오.

고객 : 알겠습니다. …… 이러면 되겠습니까?

담당 : 잘 알겠습니다. 200달러를 엔으로 환전하시는군요.

고객 : 그렇습니다.

담당 : 즉시 계산해 볼 테니 잠시만 기다려 주십시오.
…… 오래 기다렸습니다. 오늘 환율로 2만 6천 엔입니다.

고객 : 그럼 이것 좀 환전 부탁합니다.

담당 : 여기 일본 엔입니다. 감사합니다.

귀중품 취급

係り : いらっしゃいませ。

客 : 貴重品(きちょうひん)を預(あず)けたいのですが。

係り : かしこまりました。こちらの用紙にご記入いただけますか？

客 : これでいいですか？

係り : ありがとうございます。５月20日までご使用の予定でございますね。

客 : そうです。

係り : こちらへどうぞ、520番でございます。

客 : ありがとう。

귀중품 취급

韓国語訳

담당 : 어서 오십시오. 무엇을 도와드릴까요.

고객 : 귀중품을 맡기고 싶은데요.

담당 : 잘 알겠습니다. 이쪽 용지를 작성해 주십시오.

고객 : 이렇게 적으면 됩니까?

담당 : 감사합니다. 5월 20일까지 사용하실 예정입니까?

고객 : 그렇습니다.

담당 : 여기 있습니다. 520번입니다.

고객 : 감사합니다.

세탁물 취급

係り ： 客室係でございます。

客 ： この洗濯物をお願いしたいのですが。

係り ： かしこまりました。ランドリー用紙にご記入いただけますでしょうか？

客 ： どこにありますか。

係り ： そちらのお机(つくえ)の引出(ひきだ)しにはいっております。

客 ： わかりました。ペンを貸(か)してもらえますか？

係り ： どうぞお使い下さい。

客 ： どうも。このシャツ類(るい)はノリをつけないでほしいのですが。

係り ： ノリなしのお仕上げ、かしこまりました。

客 ： それとこのセーターはお水で手洗(てあら)いして下さい。

そうでないと縮(ちぢ)んでしまうかも知れないので。

係り ： 冷水(れいすい)で手洗いでございますか、かしこまりました。

客 ： いつ頃できますか？

係り ： 明日9時頃、お届けいたします。

세탁물 취급

韓国語訳

담당 : 객실부서입니다.

고객 : 세탁물 서비스를 부탁합니다.

담당 : 잘 알겠습니다. 세탁용 비닐에 넣고, 용지를 작성해 주시겠습니까?

고객 : 어디 있습니다.

담당 : 객실 책상 서랍 안에 들어 있습니다.

고객 : 알겠습니다. 펜을 빌려 주시겠습니까?

담당 : 예, 여기 있습니다.

고객 : 고맙습니다. 이 와이셔츠 종류는 풀을 먹이지 마세요.

담당 : 풀 먹이지 않고 세탁하는 것으로, 잘 알겠습니다.

고객 : 그리고 이 스웨터는 찬물에 손빨래로 부탁합니다.

담당 : 언제 완성됩니까?

담당 : 내일 9시경에 갖다 드리겠습니다.

분실물을 찾아주는 사례

係り(かか)：おはようございます。ご用でございますか。

客(きゃく)：722号室の大友ですが、管理(かんり)の方を呼んでいただけますか。

財布(さいふ)がみつからないんですが、

係り(かか)：はい、少々お待ち下さい。只今お電話をお繋(つな)ぎ致します。

同僚(どうりょう)：こんにちは。どうなさいましたか。

客(きゃく)：財布をホテルの中でなくしたのですが、

同僚(どうりょう)：そうでございますか。恐れ入りますが、お客様のお荷物、お部屋の中をお探しになりましたか。

客(きゃく)：ええ、探したんですが、ないんですよ。

同僚(どうりょう)：いつ無(な)くなったかおわかりですか。

客(きゃく)：たぶん、今朝(けさ)か昨夜(さくや)だと思います。

昨夜、コーヒーショップで友だちとコーヒーを飲んだ時(とき)、持って行きました。

同僚(どうりょう)：財布の材質(さいしつ)と色をお願いします。

분실물을 찾아주는 사례

韓国語訳

담당 : 안녕하십니까? 무엇을 도와드릴까요?

손님 : 722호의 大友입니다만, 관리인을 불러주시겠습니까?
지갑이 보이지 않습니다만,

담당 : 예, 잠시 기다려 주십시오. 지금 전화를 연결해 드리겠습니다.

동료 : 안녕하십니까? 어떤 일이십니까?

손님 : 지갑을 호텔 내에서 잃어버렸습니다만,

동료 : 그러십니까?
죄송합니다만, 손님의 짐과 객실 안을 찾아보셨습니까?

손님 : 예, 찾아봤지만, 없었어요.

동료 : 언제 잃어버리셨습니까?

손님 : 아마 오늘 아침인가 어제 저녁인 것 같아요.
어제 저녁 커피숍에서 친구와 커피를 마실 때 가지고 갔었어요.

동료 : 지갑의 재질과 색은 무엇입니까?

客(きゃく)：ベージュの皮(かわ)で、名前がプリントされています。

同僚(どうりょう)：722号室(ごうしつ)でしたよね。

客(きゃく)：はい。

係(かか)り：落し物をチェックして参りますので、少々お待ち下さい。

もしもし、見つかりました。落し物コーナーに行かれてお受取(うけと)りのサインをお願い致します。

客(きゃく)：ご親切(しんせつ)に、ありがとうございます。

係(かか)り：どういたしまして、

손님 : 베이지 가죽으로 이름이 새겨져 있습니다.

동료 : 722호실이지요?

손님 : 예.

담당 : 분실물을 확인하고 올 테니 잠시 기다리세요.
여보세요. 찾았습니다. 분실물 센터에 가셔서 수취인 사인을 해주세요.

손님 : 친절한 안내 감사합니다.

담당 : 천만에요.

新(あたら)しい單語(たんご)

- 財布(さいふ) : 지갑
- 材質(ざいしつ) : 재질
- 皮(かわ) : 가죽
- 受取(うけと)り : 수취인
- みつからない : 발견되지 않다.
- 落(おと)し物(もの) : 분실물
- 今朝(けさ)/昨夜(さくや) : 오늘 아침 / 어젯밤
- 親切(しんせつ)だ : 친절하다.
- 探す : 찾다.

분실물 신고 접수 사례 1

客　：あのう、落し物はここで取り扱っていますか。

係り：はい。何をお捜しでしょうか。

客　：ジャケットを無くしたんですけど、落し物で届いていたらいいんだけど、

係り：二つのジャケットが届いておりますが、ジャケットのご説明をお願いします。

客　：紫のベルベットです。

係り：残念ながら紫のベルベットはございませんが、いつ、どこで無くされたかおぼえていらっしゃいますか。

客　：確かではないですが、たぶん、フレンチレストランの中で無くしたと思います。

係り：申し訳ありませんが、今のところジャケットは届いておりません。
レストランに確かめてみます。こちらの紛失報告書をお書き下さい。見つけ次第連絡するように致します。

분실물 신고 접수 사례 1

韓国語訳

손님 : 저 분실물은 여기서 취급합니까?

담당 : 예, 무엇을 찾으십니까?

손님 : 재킷을 잃어버렸는데 분실물로 들어와 있으면 좋겠다고 생각해서,

담당 : 2개의 재킷이 보관되어 있는데요.
재킷에 대해 설명해주세요.

손님 : 보라색의 벨벳입니다.

담당 : 유감스럽지만 보라색 벨벳은 없습니다만, 언제, 어디서 잃어버렸는지 기억하십니까?

손님 : 확실하지는 않지만, 아마, 프렌치 레스토랑 내에서 잃어버린 것 같아요.

담당 : 죄송합니다만, 이곳에는 재킷이 없습니다.
레스토랑에 확인해 보겠습니다. 여기 분실물 보고서를 써 주십시오.
발견하는 즉시 연락드리겠습니다.

新(あたら)しい單語(たんご)

- 捜(さが)す : 찾다.
- 紫(むらさき) : 보라, 자색
- 記憶(きおく) : 기억
- 無くす : 잃다, 없애다.
- 紛失報告書(ふんしつほうこくしょ) : 분실 보고서
- おぼえる : 기억하다.

분실물 신고 접수 사례 2

係り ： もしもし、何を無くされたんでしょうか。

客 ： はい。傘です。

落し物で届いていますか。

係り ： 残念ながらこちらには届いておりません。

客 ： えっ？本当ですか。

係り ： いつ最後に見られましたか。

客 ： 部屋の中にいる時は持っていましたが、他は覚えていません。

係り ： もう一度探されてはいかがでございますか。

客 ： 探してみました。

係り ： もし、出てきましたらご連絡差し上げます。

客 ： ありがとうございます。

분실물 신고 접수 사례 2

韓国語訳

담당 : 여보세요. 무엇을 잃어버리셨습니까?

손님 : 예, 우산입니다.
분실물로 들어와 있나요?

담당 : 유감스럽게도 여기는 없습니다.

손님 : 네? 정말입니까?

담당 : 언제 마지막으로 보셨습니까?

손님 : 방안에 있을 때는 가지고 있었는데, 그 외는 기억나지 않아요.

담당 : 다시 한 번 찾아보시겠습니까?

손님 : 찾아봤어요.

담당 : 만일, 찾으면 연락 드리겠습니다.

손님 : 감사합니다.

新しい単語

- 傘(かさ) : 우산
- ご連絡差(さ)し上(あ)げます : 연락 드리겠습니다.
- 覚(おぼ)える : 기억하다, 외우다.

분실물 신고 접수 사례 3

係り(かか) ： こんばんは。いかがなさいましたか。

客(きゃく) ： はい。管理の方ですか。

係り(かか) ： はい。私ですが、何のご用でございますか。

客(きゃく) ： ブリーフケースを無くしたのですが、重要書類(じゅうようしょるい)が中に入(はい)っていたんですよ。
とても重要な物なので、どうしても探さなければなりません。

係り(かか) ： いつ、どこで無くされたかお分かりですか。

客(きゃく) ： 部屋の中に置いておいたのですが、たぶんだれかが、私の留守(るす)の間に
持って 行ったと思います。

係り(かか) ： それでは盗(ぬす)まれたということになりますね。何色でしたか。

客(きゃく) ： 黒です。一般的な物ですよ。

係り(かか) ： 紛失報告書をご記入下さい。
セキュリティーを強化(きょうか)致します。

분실물 신고 접수 사례 3

韓国語訳

담당 : 안녕하세요. 무엇을 도와드릴까요?

손님 : 예, 관리하시는 분인가요?

담당 : 예, 접니다만, 무슨 일이십니까?

손님 : 서류가방을 잃어버렸습니다만, 중요한 서류가 안에 들어있어서요.
매우 중요한 것이라서 어떻게든 찾아야 합니다.

담당 : 언제, 어디서 잃어버렸는지 아십니까?

손님 : 방안에서 놓아 뒀는데, 아마도 누군가 제가 나간 후에 가져간 것 같아요.

담당 : 그것은 도둑맞았다는 말씀이네요. 무슨 색입니까?

손님 : 흑색입니다. 일반적인 것이고요.

담당 : 분실보고서를 기입해 주세요. 경비를 강화하겠습니다.

新しい単語(あたらしいたんご)

- 種類(しゅるい) : 종류
- 留守(るす) : 부재
- セキュリティー : 경비
- 強化(きょうか) : 강화

세탁 및 세탁물 손상 시 배상 안내 사례

客(きゃく)　：ランドリーお願(ねが)い出来(でき)ますか。

係(かか)り：ランドリーフォームにご記入いただいていますか。
品物(しなもの)リストとどのように仕上(しあ)げるのかが書いてあります。

客(きゃく)　：はい。

係(かか)り：お名前とルームナンバーをお願い致します。

客(きゃく)　：松田，712の松田です。

係(かか)り：いつ取りに行きましょうか。

客(きゃく)　：今すぐ来て下さい。

係(かか)り：メイドを今すぐお部屋にうかがわせます。

客(きゃく)　：ありがとうございます。ところで、もし、ダメージがあったらどうしますか。

係(かか)り：もし、ダメージや紛失などがございましたらクリーニングのお代の10倍(ばい)以上をお支払(しはら)い致(いた)します。クレームは受(う)け取(と)られてから24時間以内にお願い致します。しかし、ちぢみや色落(お)ちには、お答(こた)えできません。ホテルでは、ポケット内の物(もの)の紛失(ふんしつ)についても責任(せきにん)をおいかねます。

客(きゃく)　：どうも。

세탁 및 세탁물 손상 시 배상 안내 사례

韓国語訳

손님 : 세탁을 부탁할 수 있을까요?

담당 : 세탁물표에 기입해주시겠습니까?
물품리스트와 어떻게 일이 끝나는가가 쓰여 있습니다.

손님 : 예.

담당 : 성함과 객실 번호를 말씀해 주세요.

손님 : 松田, 712호의 松田입니다.

담당 : 언제 빨랫감을 가지러 갈까요?

손님 : 지금 바로 와 주십시오.

담당 : 메이드를 지금 곧 방으로 보내겠습니다.

손님 : 감사합니다. 그런데 만약 손상이 있다면 어떻게 합니까?

담당 : 만약 손상이나 분실 등이 있다면 세탁비의 10배 이상 지불하겠습니다. 청구는 배달 후 24시간 이내에 하시길 바랍니다. 그러나 축소나 색깔 변질에는 책임을 질 수 없습니다. 호텔에서는 옷의 포켓 안 물건의 분실에 대해서도 책임질 수 없습니다.

손님 : 감사합니다.

세탁물 퀵 서비스 안내

客　：洗濯したい物があるんですが、
　　　ハウスメイド呼んでいただけますか。

係り：かしこまりました。

客　：いつうけ取ることができますか。

係り：翌日の仕上がりとなります。

客　：今日のデートに着て行きたいのですが、今日の夜までに仕上げることが出来ますか。

係り：三時間のクィックサービスがございますが、100%の追加料金が加算されます。

客　：いいですよ。三時間のクィックサービスをお願いします。

係り：お名前とルームナンバーをお願いします。

客　：1208号の落合です。

係り：ありがとうございました。

세탁물 퀵 서비스 안내

韓国語訳

손님 : 세탁물이 있습니다만, 메이드를 불러주시겠습니까?

담당 : 알겠습니다.

손님 : 언제 찾을 수 있습니까?

담당 : 내일 완성됩니다.

손님 : 오늘 데이트에 입고 가고 싶은데, 오늘 저녁까지는 끝낼 수 있습니까?

담당 : 3시간의 퀵서비스가 있습니다만, 100%의 추가 요금이 가산됩니다.

손님 : 좋습니다. 3시간 안의 퀵서비스를 부탁합니다.

담당 : 성함과 객실 번호를 부탁합니다.

손님 : 1208호의 落合입니다.

담당 : 감사합니다.

세탁 안내 사례

客　：洗い物とアイロンがけをしたい物があるのですが、だれか取りに来てくれませんか。

係り：かしこまりました。今、私に渡していただいてもけっこうですよ。

客　：これです。このスーツはドライクリーニングをしてプレスして下さい。
ここの破れは注意してぬって下さい。

係り：かしこまりました。

客　：おいくらですか。

係り：はっきりとは申し上げられませんが、ハウスキーピングにお電話いただければ、おいくらか確認できます。
この用紙にご記入下さいましたか。

客　：まだです。今、書きます。…………
書きました。ところで、どのぐらいかかりますか。

係り：24時間以内に仕上がると思います。

客　：そうですか。

세탁 안내 사례

韓国語訳

손님 : 세탁물과 다림질할 것이 있습니다만, 누군가 보내주시겠습니까?

담당 : 알겠습니다. 지금 저에게 건네주셔도 됩니다.

손님 : 여기 있습니다. 이 양복은 드라이클리닝해서 다려주세요.
여기 찢어진 곳은 주의해서 꿰매 주세요.

담당 : 알겠습니다.

손님 : 얼마입니까?

담당 : 확실히는 말씀드릴 수 없지만, 하우스키핑에 전화하면 얼마인가 확인할 수 있습니다. 이 용지에 기입해 주셨습니까?

손님 : 아직입니다. 지금 쓰겠습니다. 됐습니다. 그런데 얼마나 걸립니까?

담당 : 24시간 이내에 끝난다고 생각합니다.

손님 : 그렇습니까?

新しい單語

- 洗い物 : 세탁물
- アイロンがけ : 다림질
- 渡す : 건네다, 건너다.
- スーツ : 정장
- ドライクリーニング : 드라이클리닝
- 注意 : 주의
- 仕上がる : 완성되다.

PART 5

숙박 등록

예약을 모두 마친 프런트 클럭은 숙박카드를 고객에게 제공한다. 등록카드는 고객과 호텔 간의 일종의 계약서 역할을 하게 되므로 정확하게 작성하도록 해야 한다. 요즘은 대부분의 호텔에서 컴퓨터를 이용한 익스프레스 체크인 시스템을 사용하고 있다. 즉 숙박 경험이 있는 고객이 다시 숙박할 때는 서명만 받을 수 있도록 하는 제도이다. 이로써 고객은 특별대우를 받고 있음을 느끼게 되고 계속 단골 고객으로 이어질 수 있다.

침대 사이즈 변경 희망

係り ： どのようなお部屋がよろしいでしょうか？

客 ： 私と子供2人なので、できれば一緒の部屋がいいですけど、

係り ： あいにく私共には三名様用のお部屋はございませんが、ツインのお部屋に予備のベッドをお入れしたのではいかがでしょうか？

客 ： けっこうです。

*　　　*　　　*

客 ： 背が高いので大きめのベッドの部屋がほしいのですけど、

係り ： かしこまりました。キングサイズのベッドの入ったお部屋をご用意させていただきます。

침대 사이즈 변경 희망

韓国語訳

담당 : 어떤 종류의 객실이 필요하십니까?

고객 : 저와 아이가 두 사람이므로 가능하면 함께 쓸 수 있는 객실이라면 좋겠는데요.

담당 : 저희 호텔에는 3분이 쓸 수 있는 객실은 없습니다. 트윈 룸에 아이 침대를 넣는 것은 어떻습니까?

고객 : 괜찮습니다.

* * *

고객 : 키가 커서 넓고 큰 침대가 있는 객실이라면 좋겠는데요.

담당 : 잘 알겠습니다. 킹 사이즈 침대가 들어 있는 객실을 준비해 드리겠습니다.

예약 확인 전화

係り ： お早うございます。客室予約でございます。

客 ： 予約の確認をしたいのですが、

係り ： 宿泊のご予定日はいつでいらっしゃいますか？

客 ： 4月21日一泊でお願いしてあるはずですが。

係り ： お客様のお名前は？

客 ： ジョージ・ブラウンです。

係り ： お調べいたしますので少々お待ち下さい。

…… お待たせいたしました。

お客様のご予約は間違いなく承っております。

예약 확인 전화

韓国語訳

담당 : 안녕하십니까? 객실예약 담당입니다.

고객 : 예약 확인을 좀 하고 싶은데요.

담당 : 숙박 예정일이 언제 입니까?

고객 : 4월 21일 1박으로 예약했습니다.

담당 : 고객님, 성함이 어떻게 됩니까?

고객 : 조지 브라운입니다.

담당 : 확인해 볼 테니 잠시만 기다려 주십시오.

…… 오래 기다렸습니다.

고객님의 예약은 틀림없이 되어 있습니다.

예약 변경

係り ： お早うございます。客室予約でございます。

客 ： ３月５日から３泊でお願いしている山田ですが、９日までに延してほしいのです。

係り ： ３月５日から９日までの５泊にご変更でございますか。

客 ： そうです。

係り ： お部屋はツインでおとりしてありますが、ご変更はございませんか。

客 ： ありません。

係り ： かしこまりました。では、そのようにおとりしておきます。

(キャンセルを／ご訂正を／ご変更を)

예약 변경

韓国語訳

담당 : 안녕하십니까? 객실예약 담당입니다.

고객 : 3월 5일부터 3박 예약한 山田라고 합니다만, 9일까지 예약을 연장 바랍니다.

담당 : 3월 5일부터 9일까지로 변경하시는군요.

고객 : 그렇습니다.

담당 : 객실은 트윈 룸으로 예약되어 있습니다만, 변경하시겠습니까?

고객 : 아닙니다.

담당 : 잘 알겠습니다. 그럼, 그렇게 예약해 두겠습니다.
(예약 취소/ 정정/ 변경)

회사 지불 사례

係り ： いらっしゃいませ。

客 ： 山田です。

係り ： ご予約でいらっしゃいますか？

客 ： はい。

係り ： 少々お待ち下さいませ。
…… お待たせいたしました。
レジストレーションカードの記入をお願いいたします。

(通常のレジストレーションて続きののち)

係り ： 山田様。お二人様、ツインのお部屋3泊のご予定となっておりますがよろしいでしょうか？
お支払いの方は日本商事様となっております。ご出発の際に会計でご署名をお願いいたします。

客 ： わかりました。

係り ： お部屋は6階の625号室です。ただいまベルマンがご案内いたします。
ごゆっくりどうぞ。

客 ： ありがとう。

회사 지불 사례

韓国語訳

담당 : 어서 오십시오. 무엇을 도와드릴까요.

고객 : 야마다라고 합니다.

담당 : 예약 하시겠습니까?

고객 : 예.

담당 : 잠시만 기다려 주십시오. 확인해 보겠습니다.
… 고객님 오래 기다렸습니다.
숙박카드를 작성해 주시겠습니까?

(일반적인 숙박카드 작성 후의 대화)

담당 : 고객님, 2분이 트윈 룸으로 3박 예약되어 있습니다만, 맞습니까?
요금지불은 일본상사로 되어 있습니다. 체크아웃 하실 때, 회계부서에 서명 부탁합니다.

고객 : 알겠습니다.

담당 : 객실은 6층 625호실입니다. 즉시 벨맨이 객실까지 안내해 드리겠습니다.
편안한 시간 되십시오.

고객 : 감사합니다.

호텔 바우처 사용 사례

(通常のレジストレーション手続き)

係り　：お支払いはどのようになさいますか？

客　　：うん、旅行社がこれをくれたけど、これでいいの？

係り　：結構でございます。ご出発の際にフロントでご署名をお願いいたします。

*　　　　　*　　　　　*

係り　：お客様、恐れ入りますが、この券は予約確認書でバウチャーではございません。

客　　：本当かい？どうすればいいんだ、

係り　：他に何か（文書）お持ちではございませんか？

客　　：それしか渡されてないんだ、

係り　：大変申し訳ございませんが、ここでのお泊りの分はご出発の際にご精算いただきたいのですが、

客　　：そんな。

係り　：こちらに表示(ひょうじ)のある会社のクレジットカードはお持ちではございませんでしょうか？

客　　：ええ、ビザカードを持っています。

호텔 바우처 사용 사례

韓国語訳

(일반적인 숙박카드 작성 상황)

담당 : 숙박요금 지불은 어떻게 하시겠습니까?

고객 : 여행사에서 이것을 주었는데 이거면 되나요?

담당 : 괜찮습니다. 출발하실 때 프런트에서 서명 부탁드립니다.

* * *

담당 : 고객님 죄송합니다만, 이 쿠폰은 예약확인서로 바우처가 아닙니다.

고객 : 정말입니까? 어쩌면 되죠.

담당 : 그 외에 뭔가(문서) 가지고 계신 게 없습니까?

고객 : 그것밖에 전해 받은 게 없는데요.

담당 : 정말 죄송합니다만, 저희 호텔 숙박요금은 출발하실 때 정산해 주시기 바랍니다.

고객 : 그럴 리가.

담당 : 여기 표시되어 있는 신용카드를 휴대하고 계십니까?

고객 : 예, 비자카드를 가지고 있습니다.

지불방법 확인

(レジストレーション手続き)

係り : お支払(しはらい)方法(ほうほう)はどのようになさいますか？

客 : クレジットカードでお願いします。両親(りょうしん)の部屋の分も僕の方につけてほしいんだけど、

係り : かしこまりました。876号室のご会計は875号室の方に一緒(いっしょ)にさせていただきます。

客 : お願いします。

係り : カードをプリントさせていただけますか。

客 : なぜ？チェックアウトの時でいいんじゃないの？

係り : チェックアウトの時はお客様が集中(しゅうちゅう)して大変混雑(こんざつ)いたしますので、少しでもお待たせする時間を短くするために皆様にお願いしております。

客 : わかりました。どうぞ、これです。

係り : 少々お待ち下さいませ。

지불방법 확인

韓国語訳

(일반적인 숙박카드 작성 상황)

담당 : 객실요금 지불방법은 어떻게 하시겠습니까?

고객 : 신용카드로 부탁합니다. 부모님 객실요금도 제 방값에 포함해서 계산해 주세요.

담당 : 잘 알겠습니다. 876호실 요금은 875호실과 함께 계산하겠습니다.

고객 : 부탁합니다.

담당 : 카드를 프린트하겠습니다. (카드오픈)

고객 : 왜? 체크아웃 할 때 계산하면 되잖아요?

담당 : 체크아웃 할 때는 고객님이 집중해서 매우 혼란하기 때문에, 조금이라도 기다리는 시간을 줄이기 위해 고객님들에게 부탁드리고 있습니다.

고객 : 알겠습니다. 그럼, 그렇게 하세요.

담당 : 잠시만 기다려 주십시오.

예약이 누락된 사례

クロック ： いらっしゃいませ。ホテルロッテにようこそおいで下さいました。ご用でもございますか。

井上 ： はい、チェックインしたいのですが、私は井上です。4日の予定で予約をいれていました。

クロック ： 少々お待ちいただけますか。お名前の漢字をお願い致します。

井上 ： 井戸(いど)の井と上(うえ)の上です。

クロック ： ええと、申し訳ございませんが、お客様のお名前はこちらの予約リストに存在いたしませんが、いつ頃、ご予約されましたか。

井上 ： 10日前に予約を入れているはずなのですが、福岡のJ-トラベルで予約をいれたのですが、本当にないんですか。

クロック ： もう一度、確認をいたしてみます。…… はい、申し訳ありませんが、お客様のお名前ではこちらのリストにはございません。何泊のご予定でしょうか。

井上 ： 4日ですが、ビジネスで来てるんですが、とにかくほかに部屋はないですか。

クロック ： 申し訳ございませんが、ご用意できかねます。残念ですがあいにく満室となっております。明日からピークシーズンなもので釜山市内のホテルがすべて満室となっております。

예약이 누락된 사례

韓国語訳

클럭 : 롯데호텔에 오신 것을 환영합니다. 무엇을 도와드릴까요?

손님 : 네, 예약하고 싶은데요. 제 이름은 이노우에입니다.
4일 동안 예약이 되어있을 텐데요.

클럭 : 잠시만 기다려 주십시오. 성함의 한자가 어떻게 됩니까?

손님 : 井戸의 井이고, 上(의)上입니다.

클럭 : 죄송합니다만 손님 성함은 예약 명단에 없습니다.
언제쯤 예약하셨습니까?

손님 : 10일쯤 전에 예약을 했는데요. 후쿠오카의 J여행사에서 예약을 했습니다만 정말로 예약되어 있지 않습니까?

클럭 : 다시 한 번 확인해 보겠습니다. 네, 죄송합니다만 손님의 성함으로는 예약되어 있지 않습니다. 얼마나 체류하실 예정입니까?

손님 : 나흘간입니다. 비즈니스 관계로 여기 왔습니다.
어쨌든 객실이 있습니까?

클럭 : 아니요, 죄송합니다만 예약이 어렵겠습니다. 내일부터 성수기이므로 부산 시내 거의 모든 호텔의 예약이 만원사례입니다.

井上　：ええと、どうしよう。

クロック　：少々お待ち下さい。マネージャーに連絡してみます。
今日、キャンセルになった部屋があるかもしれません。

井上　：本当ですか。

クロック　：よろしかったら、そちらで座ってお待ちいただけますか。
マネージャーがお客様の方にまいりますので どうぞ、
ご心配なさらないでください。

호텔의 각종 설비 모음집

- 本館 : 본관
- 新館 : 신관
- フロント : 프런트
- レストラン : 레스토랑
- サウナ : 사우나
- エレベーター : 엘리베이터
- カクテルバー : 칵테일 바
- ヘルスクラブ : 헬스클럽
- ホール : 홀
- カジノ : 카지노
- 両替 : 환전
- 宴会場 : 연회장
- 非常口 : 비상구
- 別館 : 별관
- 玄関 : 현관
- 携帯品預かり所 : 휴대품 보관소
- コーヒーショップ : 커피숍
- ナイトクラブ : 나이트 클럽
- プール : 수영장
- スナックバー : 스낵 바
- ロビー : 로비
- ラウンジー : 라운지
- スロットマシン : 슬롯머신
- 会議場 : 회의장
- 駐車場 : 주차장

손님 : 아! 어떻게 하지.

클럭 : 잠시만요, 손님. 매니저에게 연락을 취해 보겠습니다.
오늘 예약취소가 난 빈방이 있을지 모르므로.

손님 : 그랬으면 좋겠군요.

클럭 : 저기에서 잠시만 앉아계시면 매니저가 손님에게 갈 테니 부디 걱정하지 마십시오.

新しい單語

- かねる : (동사의 ます형에 붙어서)~하기 어렵다, ~할 수 없다.
- まいる : 来る、行く의 겸양어 ~오다, 가다.
- なさる : する、なす의 존경어 ~하시다.

호텔 객실 용어

- お手洗い : 화장실
- 冷蔵庫 : 냉장고
- テーブル : 테이블
- シャワー : 샤워
- 引き出し : 서랍
- コンセント : 콘센트
- 歯ブラシ : 칫솔
- シャンプー : 샴푸
- ベッドカバー : 침대커버
- スリッパ : 슬리퍼
- 洗面台 : 세면대
- タオル : 타월
- ベッド : 침대
- 箪笥 : 옷장
- 枕 : 베개
- カーテン : 커튼
- 歯みがき : 치약
- ティッシュ : 화장지
- ベッドシーツ : 침대시드
- ナイトテーブル : 나이트테이블

성함 및 투숙기간 확인 사례

クロック ： おはようございます。こちらはホテル釜山の予約係の金でございます。

井上 ： おはようございます。予約をしたいのですが、

クロック ： ご希望の日程はいつでございますか。

井上 ： 10月20日です。

クロック ： 何泊のご予定でしょうか。

井上 ： 3泊です。

クロック ： どういったタイプのお部屋をご用意いたしましょうか。

井上 ： ダブルの部屋で湖が見える部屋をお願いします。

クロック ： お客様のお名前をお願いしてもよろしいでしょうか。

井上 ： はい、井上キミコです。夫と私と二人です。

クロック ： お客様のお名前の漢字をお願いします。

井上 ： 井戸(いど)の井と上(うえ)の上です。

クロック ： 井上キミコご夫妻ですね。10月20日、21日、そして22日の3日間ですね。

井上 ： はい、その通りですよ。

クロック ： ご予約のお電話ありがとうございます。10月20日のお越しをお待ちしております。

井上 ： ありがとう。では。

クロック ： それでは、よい一日をお過ごし下さいませ。失礼いたします。

성함 및 투숙기간 확인 사례

韓国語訳

클럭 : 안녕하세요? 호텔 부산 예약부의 김입니다. 무엇을 도와 드릴까요?
손님 : 네, 객실을 예약하고 싶은데요.
클럭 : 언제쯤 객실을 사용하시겠습니까?
손님 : 10월 20일입니다.
클럭 : 얼마 동안 체류하실 예정입니까?
손님 : 3일입니다.
클럭 : 어떤 종류의 객실을 원하십니까?
손님 : 더블 룸으로 호수가 보이는 방으로 부탁합니다.
클럭 : 손님 성함을 알려 주시겠습니까?
손님 : 이노우에 키미꼬입니다. 남편과 저 두 사람입니다.
클럭 : 손님의 성함을 한자로 부탁합니다.
손님 : 井戸의 井이고, 上(의)上입니다.
클럭 : 이노우에 키미꼬 부부시군요. 10월 20일, 21일, 22일 3일간이군요.
손님 : 예, 맞습니다.
클럭 : 예약전화 주셔서 감사합니다. 10월 20일 뵙겠습니다.
손님 : 감사합니다. 그럼.
클럭 : 감사드립니다. 그럼 좋은 하루되시길.

新しい単語(あたらしいたんご)

- お+동사 ます형+ください : ~해 주세요. (존경어)
- 夫妻(ふさい) : 부부=夫婦(ふうふ)
- お越し(こし) : 行く(いく)、来る(くる)의 높임말
- 湖(みずうみ) : 호수
- はい、その通りです : 예, 맞습니다.

객실에 요청 사항이 있는 사례

クロック　：釜山ホテル予約係の金でございます。
何かご用でございましょうか。

井上　：はい、海辺(うみべ)の豪華(ごうか)な部屋を探(さが)しているのですが、

クロック　：ホテルでは9Fに豪華なお部屋がございます。
お部屋にはバルコニーがあり、お客様もリラックスして美しい景色(けしき)とともにお過ごしいただけることと思います。
ほかのお申しつけはございませんか。

井上　：いいえ、それでいいと思いますよ。

クロック　：恐れ入りますが、お客様のお名前とご連絡先(れんらくさき)をお願いします。

井上　：井上キミコでございます。
私の携帯(けいたい)は090－3735－4811です。

객실에 요청 사항이 있는 사례

韓国語訳

클럭 : 안녕하세요. 부산호텔 예약부 김입니다.
무엇을 도와드릴까요?

손님 : 저는 바닷가의 슈퍼리어 룸을 원합니다.

클럭 : 저희 호텔에서는 9층에 슈퍼리어 룸이 비어 있습니다.
이 방은 발코니가 있어서 쉴 수도 있고, 아름다운 경치를 감상하면서 지낼 수 있습니다. 그 밖의 다른 요청사항이 있습니까?

손님 : 아니요, 그것으로 만족합니다.

클럭 : 손님의 성함과 연락처를 알려주십시오.

손님 : 제 이름은 이노우에 키미꼬입니다.
연락처는 090-3735-4811입니다.

新しい單語

- 海辺 : 해변
- 豪華 : 호화
- 連絡先 : 연락처
- 申し付け : 명령, 분부, 주문

TWIN ROOM 예약 사례

クロック　：パラダイス ホテルの予約デスクの金でございます。何かご用でございますか。

井上　：予約のことなんですが、今週の日曜日一泊(いっぱく)です。

クロック　：少々お待ち下さいませ。ただいまコンピューターをチェックしておりますので、…… はい、
お客様のお名前のイニシャルをおねがいできますか。

TWIN ROOM 예약 사례

韓国語訳

클럭 : 안녕하세요. 파라다이스 호텔 예약부의 김입니다.
무엇을 도와드릴까요?

손님 : 네, 이번 일요일 1박을 예약하려고 하는데요.

클럭 : 잠시만 기다려 주십시오. 지금 컴퓨터로 예약을 체크해 보겠습니다.
네, 손님 성함의 영문 이니셜을 말씀해 주세요.

EXTRA BAD를 요구하는 사례

クロック　：こんにちは。こちらはロッテホテルの予約カウンターでございます。どのようなご用件(ようけん)でしょうか。

井上　：ええ、家族旅行の予約をしたいのですが、

クロック　：はい、かしこまりました。日程はいつがご希望(きぼう)でしょうか。

井上　：７月３０日から８月３日まででお願いします。

クロック　：かしこまりました。コンピューターをチェックする間、少々お待ちいただけますか。はい、その日は大丈夫でございます。お客様、お子様は何名でございましょうか。

井上　：３人ですよ。それで二つの部屋を隣り同士で取ってもらえますか。子供(こども)3人(にん)で一緒(いっしょ)の部屋(へや)を使(つか)ってもいいですかね。

クロック　：お客様がご必要でしたら、もう一台ベッドを設置(せっち)することも可能でございます。夫婦(ふうふ)でお使いになる部屋に設置することも可能でございます。

井上　：ええ、ベッドをもう一つお願いします。

クロック　：かしこまりました。それでは二つの部屋で４泊、７月３０日から８月３日までのご予約でお客様と奥様(おくさま)、お子様(こさま)が３名様(さま)ですね。

井上　：はい、それでいいですよ。ありがとう。

クロック　：ありがとうございます。ロッテホテルにお電話ありがとうございました。では楽(たの)しい旅行になりますように、

井上　：ありがとう。では、

EXTRA BAD를 요구하는 사례

韓国語訳

클럭 : 안녕하세요. 롯데호텔 예약 카운터입니다. 무엇을 도와드릴까요?

손님 : 네, 가족여행 예약을 하고 싶습니다만,

클럭 : 네, 알겠습니다. 일정은 언제가 좋으십니까?

손님 : 7월 30일부터 8월 3일까지로 부탁합니다.

클럭 : 네, 알겠습니다. 컴퓨터를 체크하는 동안 잠시 기다려주시겠습니까?
네, 그날은 괜찮습니다. 아드님은 몇 분이십니까?

손님 : 3명이에요. 그리고 2개의 방을 바로 옆방으로 예약해 주실 수 있습니까?
아이들 3명을 한 방에 사용하게 해도 좋을까요?

클럭 : 손님이 필요하시다면 침대를 한 대 더 설치하는 것도 가능합니다.
부부로 사용하시는 방에 설치하는 것도 가능합니다.

손님 : 네, 침대를 한 대 더 놓아주세요.

클럭 : 알겠습니다. 그럼 2개의 방으로 4박, 7월 30일부터 8월 3일까지의 예약으로 손님과 부인, 아드님 3분이지요.

손님 : 네, 좋아요. 감사합니다.

클럭 : 감사합니다. 롯데 호텔에 전화 주셔서 감사합니다.
즐거운 여행되세요.

손님 : 고마워요. 그럼.

예약된 방을 취소하는 사례

井上　：予約のキャンセルをしたいのですが、名前は井上キミコです。

クロック　：わかりました。お客様のご予約の日程をお願い致します。

井上　：7月30日です。キャンセルしてどうもすみません。

クロック　：いいえ、次の機会にまたご利用ください。

井上　：ええ、わかりました。そういたします。

예약된 방을 취소하는 사례

韓国語訳

손님 : 예약 취소를 하고 싶은데요, 이름은 이노우에 키미코입니다.

클럭 : 알겠습니다. 손님의 예약 일정을 부탁합니다.

손님 : 7월 30일입니다. 취소하게 되어 정말 죄송합니다.

클럭 : 아닙니다. 다음 기회에 또 이용해 주십시오.

손님 : 네, 알겠습니다. 그렇게 하지요.

투숙한 손님을 찾는 응대 사례

井上　：失礼ですが、そちらに山口様が滞在(たいざい)されているか教(おし)えていただけませんか。

クロック　：少々お待ちくださいませ。今、お調べいたします。お客様、失礼ですが、こちらにはそのようなお名前の方はご宿泊されていらっしゃいません。お客様、こちらのホテルで間違(まちが)いありませんか。

井上　：はい、彼(かれ)が今日(きょう)、ロッテホテルに泊(と)まると聞(き)いたんですが。

クロック　：申し訳ございませんが、お調べいたしかねます。この近くにはロッテホテルと似(に)た名前のホテルはございません。

투숙한 손님을 찾는 응대 사례

韓国語訳

손님 : 실례합니다만, 거기 야마다씨가 체재하고 있는지 알려 주실 수 없을까요?

클럭 : 잠시 기다려 주십시오. 지금 확인해 보겠습니다. 손님, 실례지만 여기는 그런 이름을 가지신 분은 숙박하고 계시지 않네요.
손님, 이 호텔이 틀림없습니까?

손님 : 네, 그런데 그가 오늘 롯데호텔에 묵는다고 전해 받았거든요.

클럭 : 죄송합니다만, 확인하기 힘드네요. 이 근처에는 롯데호텔과 비슷한 이름의 호텔은 없습니다.

新(あたら)しい単語(たんご)

- 教(おし)えていただけませんか : 가르쳐 주실 수 없겠습니까?
- 間違(まちが)い : 잘못, 실수
- 泊(とま)る : 머물다, 숙박하다.
- 似(に)る: 닮다, 비슷하다.

대규모 회의를 위한 연회실 예약 사례

クロック　：こんにちは。こちらはパラダイスホテル予約係りでございます。

井上　：はい、私は大阪の井上キミコと申しますが、グローバルリサーチ社の課長でございます。よろしかったら貴社のホテルの施設についてて少し情報をいただけませんか。

クロック　：かしこまりました。何についてのご質問でしょうか。

井上　：はじめに、ビジネスミーティングのための大会場がございますか。100人ぐらいの予定で会議を行いたいのですが、

クロック　：こちらには200人用の宴会用ホール、展覧会用ホール、およそ400人以上収容できる会議室用ホールもご用意できます。

井上　：そちらで食事を取ることはできますか。

クロック　：はい、どちらの部屋でも食事、お茶のサービスが受けられます。

井上　：それはいいですね。そちらに通訳用の機械のサービスはありますか。

대규모 회의를 위한 연회실 예약 사례

韓国語訳

클럭 : 안녕하십니까? 여기는 파라다이스 호텔 예약부입니다.

손님 : 예, 저는 오사카의 우에노키미코라고 합니다만, 글로벌리서치사의 과장입니다. 괜찮으시다면, 귀사 호텔의 시설에 대해 정보 좀 주실 수 있을까요?

클럭 : 알겠습니다. 무엇에 대한 질문이십니까?

손님 : 첫 번째로 비즈니스 미팅을 위한 대회의장입니다만, 100명 정도 예정으로 회의를 행하고 싶습니다만,

클럭 : 여기서는 200인용의 회의용 홀, 전람회용 홀, 약 400명 이상의 회의실용 홀도 준비 가능합니다.

손님 : 여기서 식사를 하는 것도 가능합니까?

클럭 : 어느 방에서도 식사와 차 서비스를 받을 수 있습니다.

손님 : 그것 참 좋네요. 그쪽에 통역용 기계 서비스는 있습니까?

新(あたら)しい單語(たんご)

- 貴社(きしゃ) : (상대방) 회사
- 施設(しせつ) : 시설
- 行(おこな)う : 행하다.
- 食事を取る : 식사를 하다.

クロック　：はい、ございます。同時通訳用の機械と書式の通訳、どちらも会議の時受けられるサービスでございます。また、すべての書記、秘書機能も揃えております。

井上　：いいですね。８月半ばからセミナーを企画しているので予約をお願いします。

クロック　：何名ぐらい出席される御予定でしょうか。

井上　：100名です。おそらくそちらのホテルに８月15日から5泊する予定だと思います。

クロック　：かしこまりました。お客様のご要望によるプランが整い次第FAXでご連絡差し上げます。

클럭 : 네, 있습니다. 동시통역용 기계와 서식통역, 어디서나 회의 시 사용 가능한 서비스입니다. 전부 서기, 비서 기능도 갖춰져 있습니다.

손님 : 좋군요. 8월 중순부터 세미나를 기획하고 있으니까, 예약을 부탁합니다.

클럭 : 몇 명 정도 참석하실 예정이십니까?

손님 : 100명입니다. 아마도 그쪽 호텔에 8월 15일부터 5박 할 예정이라고 생각합니다.

클럭 : 알겠습니다. 손님께서 요망하신 계획이 정리되는 대로 팩스로 내일 연락드리겠습니다.

선물가게 안내 사례

客　：ショッピングに行きたいのですが、どこかいい所(ところ)がありますかね。

妻(つま)にプレゼントをしたいのですが、

クロック　：何をご購入(こうにゅう)されるおつもりですか。

客　：お土産(みやげ)として스カーフを買(か)いたいのですが、

クロック　：そうですね。もし、この地の物をお求(もと)めでしたら、2階にございます。

ギフトショップに行かれてはいかがでしょうか。

ほかには、当(とう)ホテルの地下(ちか)にアーケードがございますのでそちらでもいいスカーフや服(ふく)を販売(はんばい)しております。

客　：はい、一度、回らないといけませんね。ところで、どうやっていきますか。

クロック　：簡単(かんたん)に行けますよ。エレベーターにお乗りになって地下へ行かれてください。

客　：はい、ありがとうございます。

クロック　：いいえ。

선물가게 안내 사례

韓国語訳

손님 : 쇼핑하러 가고 싶은데 어디 좋은 곳이 있을까요?
아내에게 선물을 하고 싶어서요.

클럭 : 무엇을 구입하실 생각이십니까?

손님 : 선물로 스카프를 사고 싶은데요.

클럭 : 그러시군요. 만일 이 지역 특산품을 구하신다면 2층에 있습니다.
선물 가게에 가시는 건 어떠십니까? 그 밖에 저희 호텔 지하에 상점가가 있으니 그쪽도 좋은 스카프와 옷을 판매하고 있습니다.

손님 : 네, 한 번 둘러 봐야겠군요. 그런데 어떻게 갑니까?

클럭 : 간단히 가실 수 있어요. 엘리베이터를 타고 지하로 가세요.

손님 : 네, 감사합니다.

클럭 : 천만에요.

자동차에 관련된 여러 가지 표현

- 기름을 넣다. : ガソリンを入れる。
- 딱지를 끊다. : 交通切符を切る。
- 시동을 켜다./ 끄다. : エンジンをかける。/ 切る。
- 안전벨트를 매다./ 풀다. : シートベルトをする。/ はずす。
- 깜빡이(방향 지시등)를 켜다. : ウィンカーをつける。
- 주차장에 차를 대다. : 駐車場に車を止める。
- 클랙슨을 울리다. : クラクションを鳴らす。
- 후진하다. : バックする。
- 신호를 지키다. : 信号を守る。
- 끼어들다. : 割り込む。
- 단속에 걸리다. : 取締にかかる。
- 사람을 치다./ 치이다. : 人を轢く。/ 轢かれる。(はねられる)
- 차가 긁히다. : 車に傷がつく。
- 난폭운전 : 乱暴運転
- 뺑소니 : ひき逃げ
- 대리운전 : 代行運転
- 졸음운전 : 居眠り運転
- 음주운전 : 飲酒運転、酔っぱらい運転
- 유아용 의자 : チャイルドシート
- 양보운전 : 譲り合い運転

- 앞유리 : フロントガラス
- 초보운전 : 若葉マーク（初心者運転）
- 와이퍼 : ワイパー
- 접촉사고 : 接触事故
- 안개용 전조등 : フォグランプ
- 빙판길 : アイスバーン
- 백미러 : バックミラー
- 한눈팔기 운전 : わき見運転

관광정보 안내 사례

クロック　：いらっしゃいませ。こんにちは。どういったご用件でございますか。

客　：ええ、美容室はこのホテルにありますか。

クロック　：はい、ございます。美容室は当ホテル3Fとなっております。

エレベーターに乗って行かれるか、階段で3Fまで行かれたら左に曲がられたら床屋の隣りにございます。

見落とすことはございませんよ。

客　：ありがとう。あと一つ質問なのですが、市内観光に行きたいのですが、少し情報をいただけますか。

クロック　：日帰りツアーに参加されたらいいと思います。

日帰りツアーのプログラムは市内観光が主となっており、費用は一人当り4,500ウォンとお安くなっております。

客　：どうやって申し込むのですか。

クロック　：そちらにあるツアーデスクで申し込みできます。

관광정보 안내 사례

韓国語訳

클럭 : 어서 오십시오. 안녕하십니까? 무엇을 도와드릴까요?

손님 : 네, 미용실은 이 호텔에 있습니까?

클럭 : 네, 있습니다. 미용실은 저희 호텔 3층에 있습니다. 엘리베이터를 타고 가시거나 계단으로 3층까지 가셔서 왼쪽으로 돌면 이발소 옆에 있습니다. 못보고 지나치는 일은 없을 거예요.

손님 : 고맙습니다. 또 하나 질문이 있는데요.
시내 관광을 하고 싶은데 좀 정보를 주실 수 있을까요?

클럭 : 1일 여행에 참가하시면 좋을 듯하네요.
1일 여행의 프로그램은 시내 관광이 추가되어 경비는 1인당 4,500원으로 싸게 되어 있습니다.

손님 : 어떻게 신청합니까?

클럭 : 그쪽에 있는 여행 데스크에서 신청할 수 있습니다.

新(あたら)しい単語(たんご)

- 用件(ようけん) : 용건
- 床屋(とこや) : 이발소
- 見落(みお)とす : 간과하다, 보면서 놓치다.
- 申(もう)し込(こ)む : 신청하다, 제기하다, 제의하다.
- 日帰(ひがえ)りツアー : 당일치기 관광
- 市内観光(しないかんこう) : 시내 관광

금지를 나타내는 여러 표현들

- 뛰어나오기 주의 : 飛び出し注意
- 문에 기대지 마시오. : ドアにより掛からないでください。
- 손대지 마시오. : 手を触れないでください。
- 발밑 주의 : 足下注意
- 주차금지 : 駐車禁止
- 차량진입금지 : 車両進入禁止
- 멈춤 : 止まれ
- 두상 주의 : 頭上注意
- 금연 : 禁煙
- 건널목 있음 : 踏み切りあり
- 미끄러지기 쉬움 : 滑りやすい
- 도로 공사중 : 道路工事中
- 미성년자(입장불가) : 未成年者の入場禁止
- 출입금지 : 立ち入り禁止
- 새치기금지 : 割り込み禁止
- 추월금지 : 追越禁止
- 옆바람 주의 : 横風注意

MEMO

연주회 안내 사례

係(かか)り : おはようございます。ご用でございますか。

客(きゃく) : おはようございます。

今日、コンサートに行きたいのですが、予約お願(ねが)いできますか。

係(かか)り : はい、可能でございます。今日のコンサートですね。

何枚(なんまい)ご必要ですか。

客(きゃく) : 二枚です。

係(かか)り : かしこまりました。

客(きゃく) : ところで、映画館(えいがかん)の行(ゆ)き方(かた)を教えて頂(いただ)けますか。

係(かか)り : 地下にございます。地下におりてまっすぐ行かれるとつきあたりの右側(みぎがわ)にございます。

연주회 안내 사례

韓国語訳

담당 : 안녕하세요. 무엇을 도와드릴까요?

손님 : 안녕하세요. 오늘 콘서트에 가고 싶은데요, 예약 좀 부탁할 수 있을까요?

담당 : 예, 가능합니다. 오늘의 콘서트지요? 몇 장 필요하십니까?

손님 : 2장이요.

담당 : 잘 알겠습니다.

손님 : 그런데, 영화관에 가는 길을 가르쳐 주시겠어요?

담당 : 지하에 있습니다. 지하에 내려가서 복도 끝까지 가시면 오른쪽에 있습니다.

新(あたら)しい単語(たんご)

- コンサート : 콘서트
- 何枚(なんまい) : 몇 장
- 映画館(えいがかん) : 영화관
- 突(つ)き当(あ)たり : 막다른 곳
- ために : ~때문에, ~위해서
- 願(ねが)う : 원하다, 기원하다, 청원하다.
- 行(ゆ)き方(かた) : 가는 방법(동사 연용형에 方(かた)가 붙으면 ~하는 방법)
- 頂(いただ)く : ① 받들다, ② もらう、飲(の)む、食(た)べる의 겸양어
- 右側(みぎがわ) : 오른쪽
- 左側(ひだりがわ) : 왼쪽
- 동사+て(で) いただけますか。 : ~해 주시겠습니까?

업무관련 서비스 안내 사례

客　：しつれいですが、このホテルのセミナーに参加しているのですが、

クロック　：はい。

客　：どこかコピーが取れる所はありますか。

クロック　：はい。ビジネスセンターに行かれるとコピーを取ることができます。
もし、よろしければ、ホテルの者を代わりに行かせますが、

客　：本当ですか。一枚当りおいくらですか。

クロック　：10円でございます。

＜少し後＞

クロック　：どうぞ、こちらです。

客　：本当にありがとう。このコピー代は宿泊費に追加して下さい。

クロック　：かしこまりました。

업무관련 서비스 안내 사례

韓国語訳

손님 : 실례지만, 이 호텔의 세미나에 참석하고 있습니다만,

클럭 : 네.

손님 : 어디 복사할 곳이 있습니까?

클럭 : 네, 비즈니스센터에 가시면 복사할 수 있습니다.
혹시 괜찮으시면, 직원을 대신 보내드리겠습니다.

손님 : 정말입니까? 한 장에 얼마지요?

클럭 : 10엔입니다.

〈조금 후〉

클럭 : 여기 있습니다.

손님 : 정말 감사합니다. 이 복사비용은 숙박비에 추가해 주세요.

클럭 : 알겠습니다.

新(あたら)しい単語(たんご)

- 代(か)わりに : 대신해서
- 一枚(いちまい)あたり : 한 장당
- 取(と)れる : 取(と)るの 가능형
- コピーをとる : 복사하다.
- 領収書(りょうしゅうしょ) : 영수증
- 追加(ついか) : 추가

셔틀버스 안내 사례

客 ： あのう、すみませんが、今日何時に銀行が開くかお聞きしたいのですが、

クロック ： はい。午前9:30から午後4:30となっております。

客 ： シャトルバスがありますか。

クロック ： ございます。ここにバスの時刻表がございます。

客 ： ありがとう。今、席の予約は出来ますか。

クロック ： はい。何時の便がよろしいでしょうか。

客 ： 午前11時にお願いします。

クロック ： お名前とルームナンバーをお願い致します。何名様の御予約でございますか。

客 ： 中川で、709号室、4名です。

クロック ： ありがとうございます。出発5分前までにおこしくださるようお願い致します。

셔틀버스 안내 사례

韓国語訳

손님 : 저, 실례지만, 오늘 몇 시에 은행 문을 엽니까?

클럭 : 오전 9시 30분에서 오후 4시까지입니다.

손님 : 셔틀 버스가 있습니까?

클럭 : 네, 있습니다. 여기 버스 시간표가 있습니다.

손님 : 감사합니다. 지금 좌석 예약을 할 수 있습니까?

클럭 : 예, 몇 시 편이 좋으십니까?

손님 : 오전 11시로 부탁합니다.

클럭 : 성함과 객실 번호를 말씀해 주세요. 몇 분 예약이십니까?

손님 : 中川, 709실, 4명입니다.

클럭 : 감사합니다. 출발 5분 전에 오시길 바랍니다.

新(あたら)しい単語(たんご)

- 開(ひら)く : 열다.
- 無料(むりょう) : 무료
- 何名様(なんめいさま) : 몇 분
- お聞きしたいのです : 묻고 싶습니다.
- 起(お)こす : 깨우다.
- 時刻表(じこくひょう) : 시간표
- 空港(くうこう) : 공항

客(きゃく)　：はい、分かりました。ありがとう。後、空港(くうこう)まではどれぐらいかかりますか。

クロック　：30分ぐらいです。近いですよ。

客(きゃく)　：シャトルバス代はいくらですか。

クロック　：ホテルの宿泊者(しゅくはくしゃ)は無料(むりょう)となっております。

客(きゃく)　：いろいろありがとうございました。

クロック　：どういたしまして、

손님 : 네, 알겠습니다. 감사합니다. 나중에 공항까지는 얼마나 걸립니까?

클럭 : 30분 정도입니다. 가까워요.

손님 : 셔틀 버스비는 얼마입니까?

클럭 : 호텔 숙박객은 무료로 되어 있습니다.

손님 : 여러 가지로 감사했습니다.

클럭 : 천만에요.

국제전화 연결 사례

客　　　　：こちら205号室の中林ですが、だれか私に電話はありませんでしたか。

オペレーター　：いいえ、お電話は参りませんでした。

客　　　　：では、国際電話をお願いします。

オペレーター　：かしこまりました。お客様、お名前とルームNo、そして相手先のお電話番号をお願いします。

客　　　　：205号室の中林で81の92の244—2444が相手の電話番号です。

オペレーター　：ありがとうございます。では、電話をお切り下さい。

私がお電話を折り返しお掛け致します。

국제전화 연결 사례

韓国語訳

손님 : 여기 205호실의 林입니다만, 누군가 저에게 전화하지 않았습니까?

교환 : 아니요, 전화는 없었는데요.

손님 : 그럼, 국제전화를 부탁합니다.

교환 : 알겠습니다. 손님, 성함과 객실 번호, 그리고, 상대방 지역 번호와 전화번호를 말씀해 주세요.

손님 : 205호실의 林이고, 81+92+244-2444가 상대방 전화번호입니다.

교환 : 감사합니다. 그럼 전화를 끊어주세요. 제가 다시 전화 드리겠습니다.

新(あたら)しい單語(たんご)

- 長距離(ちょうきょり) : 장거리
- 相手(あいて) : 상대
- エリアコード : 지역 번호
- 受話器(じゅわき) : 수화기
- お電話は参りませんでした : 전화는 오지 않았습니다.
- 折(お)り返(かえ)しお掛(か)け致(いた)します : 다시 전화하겠습니다.

일본으로 국제전화 거는 방법

- 001 + 일본 국가 번호 + 일본 내 지역 번호 + 가입자 번호
- 002 + 81 + (동경은 3) + 1234 + 4567

일본의 주요 도시 지역 번호

東京(とうきょう) : 3	大阪(おおさか) : 6	札幌(さっぽろ) : 11	仙台(せんだい) : 22
横浜(よこはま) : 45	名古屋(なごや) : 52	静岡(しずおか) : 54	京都(きょうと) : 75
神戸(こうべ) : 78	広島(ひろしま) : 82	福岡(ふくおか) : 92	熊本(くまもと) : 96
青森(あおもり) : 177	長野(ながの) : 262	千葉(ちば) : 472	金沢(かなざわ) : 762
富山(とやま) : 764	岡山(おかやま) : 862	高松(たかまつ) : 878	長崎(ながさき) : 958

MEMO

타인에게 전화를 넘겨주는 사례

客 ： 杉原ですが、三井さんとお話したいのですが、

係り ： 三井様は只今会議中でございます。杉原様、メッセージをお預かり致しましょうか。

客 ： すぐに情報が必要なのですが。いつ会議が終りますか。

係り ： 今日の午後までいらっしゃると思いますが、だれかほかに代わりになる方はいらっしゃいますか。

客 ： たぶん金様なら大丈夫だと思います。

係り ： そうですか。少々お待ち下さい。

金様にお代わり致します。

타인에게 전화를 넘겨주는 사례

韓国語訳

손님 : 杉原입니다만, 三井씨와 통화하고 싶은데요.

담당 : 三井씨는 지금 회의 중입니다.
杉原씨, 메시지를 남겨 주시겠습니까?

손님 : 즉시 필요한 정보인데요, 언제 회의가 끝날까요?

담당 : 오늘 오후까지 계실 것 같습니다만, 누군가 대신 도와드릴 수 있을까요?

손님 : 아마 김씨라면 괜찮다고 생각합니다.

담당 : 그렇습니까. 잠시 기다려 주십시오. 김씨로 바꿔드릴게요.

新(あたら)しい單語(たんご)

- お代わり致します : 바꿔 드리겠습니다.
- 代(か)わりに : ~을 대신하여
- よかったですね : 잘됐군요.

호텔에 일본에서 손님이 찾아왔을 때

- 일부러 이렇게 와주셔서 감사합니다. 마음의 선물입니다.
  わざわざ、お越(こ)しくださって、有難(ありがと)うございます。心(こころ)ばかりの品(しな)です。
- 사장님께 안부 전해 주십시오.
  社長(しゃちょう)によろしくお伝(つた)えください。
- 변변치 않은 물건입니다.
  ほんのささやかなものです。
- 일본에 가게 되면 연락드리겠습니다.
  日本(にほん)に行(い)くことになれば、ご連絡致(れんらくいた)します。

전화 관련 표현

- 話中(はなしちゅう) : 통화 중
- 伝言(でんごん) : 전언(전할 말)
- 長電話(ながでんわ) : 전화를 오래하는 것
- メッセージ : 용건
- 間違(まちが)い電話(でんわ) : 잘못 걸린 전화
- 混線(こんせん) : 혼선
- いたずら電話(でんわ) : 장난전화
- いやがらせ電話(でんわ) : 협박성 장난전화

MEMO

요금 안내 사례

客(きゃく)　：しつれいですが、私は608の平田です。

クロック　：はい。平田様、何のご用(よう)でございますか。

客(きゃく)　：今日の夜遅(よるおそ)くチェックアウトをするつもりですが、料金はいくらになりますか。

クロック　：かしこまりました。平田様、只今2万3千円となっております。

客(きゃく)　：他に追加(ついか)料金がありますか。

ククロック：はい。当(とう)ホテルのチェックアウトの時間が12時ですので、もう一日分のお部屋の料金(りょうきん)と恐(おそ)らくミニバー料金も加算(かさん)されて参ります。

요금 안내 사례

韓国語訳

손님 : 실례지만, 저는 608호의 平田입니다.

클럭 : 예, 平田씨. 무슨 일이십니까?

손님 : 오늘 저녁 늦게 체크아웃을 할 생각인데요, 합계요금이 얼마입니까?

클럭 : 알겠습니다. 平田씨. 지금 2만 3천 엔입니다.

손님 : 다른 추가 요금이 있습니까?

클럭 : 예, 호텔 체크아웃의 시간이 12시이기 때문에, 하루분 방 요금과 아마도 미니바 요금도 가산되었을 것입니다.

新しい單語

- 何でございますか? : 무슨 일입니까?
- 加算(かさん) : 가산
- 夜遅く(よるおそく) : 밤늦게
- チェックアウト : 체크아웃
- 合計(ごうけい) : 합계
- 恐らく(おそらく) : 아마

계산서 작성 및 지불 방법 사례

客　　：会計お願いします。

フロント：はい。かしこまりました。お客様のお名前とルームナンバーをお願いします。

客　　：私は斎藤で、部屋は1122号です。

フロント：少々お待ち下さいませ。

客　　：領収書を二つに分けて頂けませんか。

一つは部屋代と電話代のみで、もう一つは、食事と、ランドリと他の物で、

フロント：分かりました。二枚に分けてお書きします。トータルで 43,560円でございます。

客　　：あっ、私 日本円が32,000円しか残ってないので、残りはドルで払います。

残りはドルでおいくらですか。

フロント：今 計算致します。今日のレートで残りが$96でございます。

どのようにお支払いになりますか。

客　　：キャッシュでお願いします。

フロント：ありがとうございます。こちら$100からのおつりで$4でございます。

계산서 작성 및 지불 방법 사례

韓国語訳

손　님 : 합계 부탁합니다.

프런트 : 예, 알겠습니다. 손님의 성함과 객실 번호를 말씀해 주십시오.

손　님 : 저는 斎藤이고 방은 1122호입니다.

프런트 : 잠시 기다려 주십시오.

손　님 : 영수증을 2개로 나눠주실 수 있습니까?
하나는 객실료와 전화비, 또 하나는 식사와 세탁비와 다른 것이어서,

프런트 : 알겠습니다. 2개로 나눠서 쓰겠습니다. 총 43,560엔입니다.

손　님 : 앗, 저 일본 돈이 32,000엔 밖에 남지 않아서 나머지는 달러로 지불하겠어요. 나머지는 얼마지요?

프런트 : 지금 계산하겠습니다.
오늘 계산에서 나머지가 $96입니다. 어떻게 지불하시겠습니까?

손　님 : 현금으로 해주세요.

프런트 : 감사합니다. 여기 $100에서 잔돈 $4입니다.

객실요금 전가와 확인 사례

客 : 私の部屋代を208号室の大口さんに回してもらえますか。

フロント : まず、大口様に確認をさせていただいてもよろしいでしょうか。
確認ができましたらそのようにさせていただきます。

요금 지불에 관한 표현

- 현금으로 하시겠습니까? 카드로 하시겠습니까?
  現金になさいますか? カードになさいますか?
- 죄송하지만, 저희는 현금밖에 사용하실 수 없는데요.
  申し訳ございませんが、私どもでは現金しかお使いいただけません。
- 일시불로 하시겠습니까? 할부로 하시겠습니까?
  一括払いになさいますか。分割払いになさいますか。
- 몇 개월로 해드릴까요?
  何ヵ月の分割払いに致しましょうか。
- 여기에 사인을 부탁합니다. 여권번호를 부탁합니다.
  こちらにご署名をお願いします。パスポートナンバーをお願いします。

객실요금 전가와 확인 사례

韓国語訳

손 님 : 제 방값을 208호실의 大口씨에게 전가해 주시겠습니까?

프런트 : 우선, 大口씨에게 확인을 하고 나서 괜찮다고 하시면 그렇게 해드리겠습니다.

新しい単語

- させていただきます : ~하겠습니다.
- 回してもらえますか : 전가해 주시겠습니까?

객실 연장 사용 요금 안내 사례

フロント ： 只今お部屋を空けていただいてもよろしいですか。

客 ： いや、今日の午後3時まで使いますよ。

フロント ： それでしたら、半日分の料金を追加していただかなければなりませんが。

客 ： どうして追加なんですか。今朝4時にチェックインしたんですよ。

フロント ： 朝5時以前のチェックインは昨夜からのチェックインとみなしております。しかし、午後2時までにチェックアウトなさいましたら追加はございません。

객실 연장 사용 요금 안내 사례

韓国語訳

프런트 : 지금 방을 비워주실 수 있으십니까?

손　님 : 아니요, 오늘 오후 3시까지 사용할 건데요.

프런트 : 그러시면 방값의 반의 요금을 추가하셔야 합니다만,

손　님 : 왜 추가되나요? 오늘 아침 4시에 체크인 했어요.

프런트 : 아침 5시 이전의 체크인은 전날 밤의 체크인으로 간주되거든요.
하지만, 오후 2시까지 체크아웃 하시면 추가요금은 없습니다.

新(あたら)しい単語(たんご)

- 空(あ)ける : 떼어놓다, 비우다, 시간을 비워 두다.
- 使(つか)う : 사용하다.
- 今朝(けさ) : 오늘 아침
- 昨夜(さくや) : 어젯밤
- 半日(はんにち) : 하루의 절반(반나절)
- みなす : 간주하다.
- 以前(いぜん) : 이전
- チェックイン : 체크인

퇴숙 안내 사례

フロント　：こんばんは。井上様、何かご用でございますか。

客　：506のチェックアウトをしたいので、ベルボーイに荷物を取りに呼んで頂いて領収書の準備をお願いできますか。

フロント　：今すぐベルボーイをお送り致します。

客　：あのう、計算書いただけますか。

フロント　：どうぞ、こちらでございます。お客様のお部屋は旅行会社から前払いでいただいておりましたので、残金が8,200円となっております。どういう形になさいますか。

客　：マスターカードでお願いします。

フロント　：かしこまりました。ここにサインをお願いします。ご確認させていただいてもよろしいでしょうか。

客　：はい。どうぞ。

フロント　：ありがとうございます。こちらがお客様のカードとレシートでございます。何かご不便なことがございましたか。

퇴숙 안내 사례

韓国語訳

프런트 : 안녕하세요. 井上씨, 무엇을 도와드릴까요?

손 님 : 506호의 체크아웃을 하고 싶은데 짐을 들어줄 벨 보이를 불러주시고 계산서를 준비해 주십시오.

프런트 : 지금 곧 벨 보이를 보내겠습니다.

손 님 : 계산서 주시겠습니까?

프런트 : 여기 있습니다. 손님 객실비는 여행사에서 미리 지불해서 잔금이 8,200엔입니다. 어떻게 해드릴까요?

손 님 : 마스터 카드로 해 주세요.

프런트 : 알겠습니다. 여기에 사인을 부탁합니다. 확인해도 괜찮습니까?

손 님 : 예, 여기 있어요.

프런트 : 감사합니다. 여기 손님의 카드와 계산서입니다.
뭔가 불편한 점이 있으셨습니까?

客(きゃく)　：いいえ、何もありませんでした。ありがとう。

サービスがとてもよかったですよ。釜山はすてきな町(まち)ですね。海(うみ)も本当にすばらしいよ。すごくいいですね。それとベルボーイにタクシーを頼(たの)めるかな。

フロント　：はい。勿論(もちろん)です。ホテルシーホークにお泊(とま)りいただき、誠(まこと)にありがとうございます。又(また)のお越(こ)しをお待ちしております。

손　님 : 아니요, 없었습니다. 고맙습니다.
서비스가 매우 좋았어요. 부산은 멋진 곳이군요.
바다도 정말 멋져요. 참 좋네요.
그리고 벨 보이에게 택시 좀 잡아달라고 부탁할까요?

프런트 : 네, 저희 호텔 시호쿠에 숙박해 주셔서 정말 감사합니다.
또 오십시오.

新(あたら)しい単語(たんご)

- 計算書(けいさんしょ) : 계산서
- 町(まち) : 마을
- 残金(ざんきん) : 잔금
- 不便(ふべん)だ : 불편하다.
- 後払(あとばら)い : 후불
- よろしい : 좋다.
- 旅行会社(りょこうがいしゃ) : 여행사
- 前払(まえばら)い : 선불
- カード : 카드
- レシート : 계산서
- 素敵(すてき)だ : 훌륭하다.
- お越(こ)しをお待ちしております。 : 또 오십시오.

단체 퇴실 사례

ガイド　：こんにちは。あのう、チェックアウトをお願いします。

フロント　：はい。こんにちは。曾田様、西日本ツーリストのツアーガイドの方ですね。

ガイド　：はい。

フロント　：少々お待ち下さい。昨夜(さくや)のお値段(ねだん)をマスターカウントにプリントアウト致します。

ガイド　：二枚お願いします。

フロント　：かしこまりました。よくご確認の上(うえ)、お支払(はら)い下さいませ。

ガイド　：はい。こちらがかぎです。30個ございます。

フロント　：はい。確かに30個ございます。ご不便(ふべん)なことございませんでしたか、

ガイド　：はい。快適(かいてき)でした。それとメンバーの方々は各個人(こじん)の計算(けいさん)を済(す)まされましたか。

フロント　：確(たし)かめてみます。13の部屋はチェックアウトされました。

しかし、303号と315号がまだ未清算でございます。

ガイド　：分かりました。清算するようにお伝(つた)えします。

단체 퇴실 사례

韓国語訳

가이드 : 안녕하세요? 체크아웃을 부탁합니다.

프런트 : 예, 안녕하세요? 曾田씨, 서일본 트리스트 여행 가이드시지요?

가이드 : 예.

프런트 : 잠시 기다려 주십시오. 어젯밤의 객실료를 입력시켜서 일괄로 계산서를 뽑아드리겠습니다.

가이드 : 두 장 부탁합니다.

프런트 : 알겠습니다. 잘 확인해 보시고 지불해 주십시오.

가이드 : 네, 여기 열쇠가 있습니다. 30개입니다.

프런트 : 네, 분명히 30개 맞습니다. 불편한 점이 없으셨다면 다행입니다만,

가이드 : 네, 즐거웠어요. 그리고 우리 일행은 각 개인의 계산이 끝났습니까?

프런트 : 확인해 보겠습니다. 13개의 방이 체크아웃 되었네요.
그런데, 303호와 315호가 아직 청산이 안되었습니다.

가이드 : 알겠습니다. 청산하도록 전하겠습니다.

フロント　：ところで、日本舞踊はいかがでしたか。

ガイド　：ええ、すばらしかったですよ。グループのお客様も喜んでいらっしゃいました。

フロント　：それは光栄です。皆様、どのようにして空港に行かれますか。

ガイド　：シャトルバスを予約しました。

フロント　：京都ステーションホテルのご利用誠にありがとうございました。曾田様、又のご利用お待ちしております。

ガイド　：お疲れ様でした。

프런트 : 그런데 일본 무용은 어떠셨습니까?

가이드 : 네, 멋졌어요. 일행 손님들도 기뻐하셨어요.

프런트 : 영광입니다. 여러분 어떻게 공항에 가십니까?

가이드 : 셔틀 버스를 예약했습니다.

프런트 : 京都역 호텔을 이용해 주셔서 정말 감사드립니다. 曾田씨, 또 이용해 주시길 바랍니다.

가이드 : 수고 많으셨습니다.

新しい単語

- 値段 : 가격
- 幸 : 다행
- 快適 : 쾌적
- 確かめる : 확인하다.
- 舞踊 : 무용
- 光栄 : 영광
- お疲れ様でした。 : 수고하셨습니다.

응급사항 발생시

- 가슴이 답답하고 잠이 안 와요. : 胸(むね)が苦(くる)しくて眠(ねむ)れません。
- 감기인 것 같아요. : 風邪(かぜ)のようです。風邪(かぜ)を引(ひ)いたようです。
- 콧물이 나와요. 재채기가 심해요. : 鼻水(はなみず)が出(で)ます。くしゃみがひどいです。
- 목이 아프고 기침이 나와요. : 喉(のど)がいたくて、咳(せき)が出(で)ます。
- 몸이 으슬으슬 추워요. : ぞくぞくします。寒気(さむけ)がします。
- 목이 붓고 몸이 나른해요. : 喉(のど)がはれていて、体(からだ)がだるいです。
- 머리가 지끈지끈 아파요. : 頭(あたま)がずきずきします。
- 눈이 따끔거리고 두통도 심해요. : 目(め)がヒリヒリして頭痛(ずつう)もひどいです。
- 벌레에 물려 가려워요. : 虫(むし)にさされてかゆいです。
- 속이 거북해요. : 胃(い)がもたれています。ムカムカします。
- 이가 시리고 흔들거려요. : 歯(は)にしみます。そして歯(は)がぐらぐらします。
- 코가 꽉 막혔어요. : 鼻(はな)が詰(つ)まっています。
- 토할 것 같아요. : 吐(は)きそうです。吐気(はきけ)がします。
- 허리가 삐끗했어요. : ぎっくり腰(こし)になりました。
- 현기증이 나요. : めまいがします。
- 하혈을 했어요. : 下血(げけつ)しました。

MEMO

환전 사례

客　：両替係の方ですか。

係り：はい。何でございますか。

客　：ドルを円に替えたいんですが。

係り：はい。かしこまりました。私どもは認可をうけておりますので、ご安心下さい。

客　：今日のレートは？

係り：1ドルで103円でございます。

客　：$200を円に替えたいのですが、どうぞ、ここにあります。

係り：かしこまりました。こちらにお書き下さい。

客　：どうぞ、

係り：お名前とパスポートナンバーをお書き忘れのないようお願い致します。

客　：はい。

係り：￥20,600でございます。

客　：ありがとうございます。

係り：どういたしまして、

환전 사례

韓国語訳

고객 : 환전계입니까?

담당 : 네, 무엇을 도와드릴까요?

고객 : 달러를 엔으로 바꾸고 싶은데요.

담당 : 네, 알겠습니다. 저희는 인가를 받은 곳이니 안심하셔도 됩니다.

고객 : 오늘 환율은 어떻습니까?

담당 : 1달러에 103엔입니다.

고객 : $200을 엔으로 바꾸고 싶습니다만, 여기 있어요.

담당 : 알겠습니다. 여기 기입해 주십시오.

고객 : 여기 있습니다.

담당 : 성함과 여권번호 적는 것을 잊지 않도록 하세요.

고객 : 예, 알겠습니다.

담당 : 20,600엔이 있습니다.

고객 : 감사합니다.

담당 : 천만에요.

新(あたら)しい單語(たんご)

- 両替係(りょうがえがかり) : 환전계
- 替える : 바꾸다. (환전하다.)
- パスポート : 여권
- 認可(にんか) : 인가
- ドル : 달러
- レート : 환율
- 書(か)き忘(わす)れる : 적어야 할 내용을 빠뜨리다.
- 동사 ます형+忘(わす)れる 용법

슈퍼에서 구입 가능한 의약품들

- 소화제 : 消化剤(しょうかざい)
- 식염수 : 食塩水(しょくえんすい)
- 연고 : 軟膏(なんこう)
- 위장약 : 胃腸薬(いちょうやく)
- 붕대 : 包帯(ほうたい)
- 반창고 : 絆創膏(ばんそうこう)
- 안약 : 目薬(めぐすり)
- 수면제 : 睡眠薬(すいみんやく)
- 멀미약 : 乗(の)り物(もの)酔(よ)いの薬(くすり)(酔(よ)い止(どめ))
- 알약 : 錠剤(じょうざい)
- 해열제 : 解熱剤(げねつざい)
- 렌즈세정액 : コンタクトレンズのセンジョウエキ
- 모기약 : 虫刺(むしさ)され薬(ぐすり)
- 찰과상 : かすり傷(きず)、擦(す)り傷(きず)
- 염좌 : ねんざ
- 베인 상처 : 切(き)り傷(きず)
- 뱃멀미 : 船酔(ふなよ)い
- 차멀미 : 車酔(くるまよ)い
- 근육통 : 筋肉痛
- 가루약 : 粉薬(こなぐすり)
- 양치약 : うがい薬(ぐすり)
- 좌약 : 座薬(ざやく)

MEMO

여행자 수표 환전 사례

客　：キャッシュがないのですが、ひょっとしたら現金に替えられますか。
　　　個人の小切手は受付てくれますか。

係り：残念ながら個人の小切手は取り扱っておりません。

客　：トラベラーズチェックは大丈夫ですか。

係り：はい。トラベラーズチェックはご利用できます。
　　　おいくらご必要ですか。

客　：$200です。ところで、今日のレートはいくらですか。

係り：ボードに記載されております。

客　：ええ、トラベラーズチェックのレートがどうして現金より高いですか。

係り：理由はトラベラーズチェックに手数料が含まれているからでございます。

客　：分かりました。ところで、両替お願いできますか。

係り：はい。200円のサービスチャージが付きますがよろしいですか。

여행자 수표 환전 사례

韓国語訳

손님 : 현금이 없는데요, 현금으로 바꿔주실 수 있나요?
개인 수표도 받습니까?

담당 : 유감스럽게도 개인 수표는 취급하지 않습니다.

손님 : 여행자 수표는 어떻습니까?

담당 : 예, 여행자 수표는 이용 가능합니다. 얼마나 필요하십니까?

손님 : $200입니다. 오늘의 환율은 얼마입니까?

담당 : 게시판에 기재되어 있습니다.

손님 : 예, 알겠습니다. 그런데, 여행자 수표의 환율이 왜 현금보다 높습니까?

담당 : 이유는 여행자 수표를 현찰로 바꾸기까지의 수수료가 환율에 포함되어 있기 때문입니다.

손님 : 알겠습니다. 그런데, 환전을 부탁해도 될까요?

담당 : 예, 200엔의 서비스료가 붙습니다만, 괜찮으십니까?

新しい單語(あたらしいたんご)

- ひょっとしたら : 어쩌면, 혹시
- 受け付ける(うけつける) : 접수하다.
- 記載(きさい) : 기재
- 利子(りし) : 이자
- サービスチャージ : 서비스료
- 小切手(こぎって) : 수표
- 取り扱う(とりあつかう) : 취급하다.
- 高い(たかい) : 비싸다.
- 含まれる(ふくまれる) : 포함되다.

기타 환전 사례

客　：残りの円を₩に替えてもらえますか。

係り：恐れ入りますが、こちらでは再両替はやっておりません。

こちらでは₩を￥に替えることのみ許されております。

客　：どこで取り扱っていますか。

係り：空港にある外貨銀行で円の売却が可能でございます。

客　：ありがとうございます。

기타 환전 사례

韓国語訳

손님 : 남은 엔을 원으로 바꿀 수 있습니까?

담당 : 죄송합니다만, 여기서는 재교환은 할 수 없습니다.
여기서는 원을 엔으로 바꾸는 것만 허용되고 있습니다.

손님 : 어디서 취급하고 있습니까?

담당 : 공항에 있는 외환은행에서 엔의 매각이 가능합니다.

손님 : 감사합니다.

新(あたら)しい単語(たんご)

- 変えてもらえますか : 바꿀 수 있습니까?
- 再両替(さいりょうがえ) : 재교환
- 外貨(がいか) : 외화
- 許(ゆる)す : 허락하다, 허용하다.
- 売却(ばいきゃく) : 매각

객실 청소 사례

フロント　：おはようございます。ご用でございますか。

客(きゃく)　：おはよう。ルームクリーニングをお願いできますか。605号室です。

フロント　：605号ですか。はい。今すぐ掃除(そうじ)させていただきます。

客(きゃく)　：どれぐらいかかりますか。

フロント　：25分ぐらいかかると思いますが、

客(きゃく)　：分かりました。それから、デスクの上に資料(しりょう)が置(お)いてあるのでそれには触(さわ)らないようお願いします。

フロント　：かしこまりました。

客(きゃく)　：後、バスルームの修理をお願いします。トイレの水が流(なが)れないんです。

フロント　：はい。かしこまりました。申し訳ありません。今修理に行かせます。

객실 청소 사례

韓国語訳

프런트 : 안녕하십니까? 무엇을 도와드릴까요?

손 님 : 안녕하세요. 방 청소를 부탁할 수 있나요? 605호실입니다.

프런트 : 605호입니까? 예, 지금 곧 청소하겠습니다.

손 님 : 얼마나 걸립니까?

프런트 : 25분 정도 걸린다고 생각됩니다만,

손 님 : 알겠습니다. 그런데, 책상 위에 자료가 놓여 있는데 그것은 손대지 않도록 부탁합니다.

프런트 : 알겠습니다.

손 님 : 나중에 화장실 수리도 해주세요. 화장실 물이 흐르지 않거든요.

프런트 : 예, 알겠습니다. 죄송합니다. 지금 수리를 시키겠습니다.

新しい単語

- 掃除 : 청소
- 資料 : 자료
- 置く : 두다, 놓다.
- 触る : 만지다.
- 流れる : 흐르다.
- 修理に行かせます : 수리하러 사람을 보내겠습니다.

PART
6

벨맨

벨맨은 언제나 로비 데스크에서 스탠바이 자세를 취하고 있으면서 로비를 통해 출입하는 고객들을 영접하고 환송하는 기본적인 업무를 담당한다. 시선은 언제나 프런트와 현관 쪽을 주시하면서 고객의 요청에 의한 서비스 제공보다는 먼저 고객에게 다가가 도움을 줄 수 있는 것이 무엇인가를 생각해야 한다. 주된 업무는 고객을 프런트 데스크나 객실로 안내하고 객실 사용법을 설명한다. 객실에 도착하면 실내등을 켜고 고객을 먼저 객실에 들어가게 하고 수화물은 고객이 원하는 위치에 놓는다. 객실 내부의 시설물에 대한 사용 설명을 마치고 곧바로 객실에서 나온다.

객실 짐 옮기기

客　：はい。どなたですか?

係り：ベルマンでございます。

　　　お荷物をお届けにまいりました。

客　：どうぞ入って下さい。

係り：お待たせいたしまして申し訳ございません。

　　　こちらに置いてよろしいでしょうか?

客　：お願いします。

係り：お荷物はこちらで間違いございませんでしょうか?

客　：ええ。

係り：ごゆっくりどうぞ。失礼いたします。

객실 짐 옮기기

韓国語訳

고객 : 누구십니까?

벨맨 : 벨맨입니다. 고객님의 짐을 가지고 왔습니다.

고객 : 들어오세요.

벨맨 : 기다리게 해서 죄송합니다. 여기에 두어도 괜찮겠습니까?

고객 : 부탁합니다.

벨맨 : 이 짐은 고객님의 짐이 맞습니까?

고객 : 네.

벨맨 : 그럼, 천천히 즐거운 시간되시길 바랍니다.

新しい單語

- 間違い : 잘못, 틀림
- お待たせする : 기다리게 하다.
- 届ける : 옮기다, 배달하다.
- 入る : 들어가다.

잘못 전달된 고객 짐

係り ： ベルキャプテンデスクでございます。

客 ： 30分程前にお願いした私のバッグがまだ届かないのですが、

係り ： 申し訳ございません。お名前とお部屋番号をお願いします。

客 ： 312号室の吉田です。

係り ： お荷物はおいくつでございますか?

客 ： スーツケース二つとカバンが一つです。

係り ： お荷物の大きさや色を教えていただけますか?

客 ： スーツケースは両方とも薄青色のサムソナイトで、カバンはこげ茶です。

係り ： お荷物に名札はついておりますでしょうか?

客 ： 3個とも名札はつけてありますよ。

係り ： お待たせいたしまして大変申し訳ございません。
すぐに調べて折り返しお電話いたします。

……………………………………………………

係り ： ベルキャプテンデスクでございます。お荷物はただいまお届けに伺っております。ご迷惑をおかけいたしまして大変申し訳ございません。

客 ： どの位かかりますか?

係り ： 5分位かと存じますが、

客 ： わかりました。

係り ： 失礼いたします。

잘못 전달된 고객 짐

韓国語訳

담당 : 벨 캡틴 데스크입니다.

고객 : 30분 전에 부탁한 내 가방이 아직 도착하지 않았는데,

담당 : 죄송합니다. 성함과 객실 번호를 말씀해 주시겠습니까?

고객 : 312호실의 요시다라고 합니다.

담당 : 짐이 모두 몇 개 입니까?

고객 : 여행용 가방 2개와 손가방 1개입니다.

담당 : 짐의 크기와 색깔을 말씀해 주시겠습니까?

고객 : 여행용 가방은 둘 다 약간 파란색의 샘소나이트이고, 손가방은 짙은 갈색 입니다.

담당 : 가방에 이름표가 붙어 있습니까?

고객 : 3개 모두 이름표가 붙어 있습니다.

담당 : 기다리게 해서 죄송합니다.
금방 알아보고 다시 전화 드리겠습니다.

…………………………………………………………………………

담당 : 벨 캡틴입니다. 짐은 지금 갖다드리러 갔습니다.
걱정을 끼쳐 드려 대단히 죄송합니다.

고객 : 어느 정도 걸립니까?

담당 : 5분 정도라고 생각합니다.

고객 : 잘 알겠습니다.

담당 : 실례했습니다.

단체 고객 제반 설명

係り ： いらっしゃいませ。本日ABCホテルをご利用頂きましてありがとうございます。

1) 机の上にアルファベット順にお客様それぞれのお名前で封筒が並んでおりますのでそれをお取り下さい。封筒にはお部屋のカギと明朝の朝食券が入っております。
2) 明朝のお食事は1階のコーヒーショップで、朝7時からご利用いただけます。ご利用の際はご注文なさる前に食券を係りにお渡し下さい。
3) ロビーは２階でございます。エレベーターボタンのＬを押して下さい。
4) お部屋の鍵は自動ロックになっておりますので、お出かけの際は必ずお持ち下さい。なお、鍵はご出発まで銘々でお持ち下さい。
5) お電話はそれぞれのお部屋に直接かけられますので、６を押してから、先方のお部屋番号を押して下さい。
6) ホテルの外へも直接かけられますので、0を押してからおかけ下さい。
7) 非常口のご案内は、お部屋のドアの内側に表示してございますのでご覧下さい。
8) 朝食以外の諸雑費は銘々でお支払いいただきますので、ご出発の際に会計でご精算下さい。ルームキーもその際会計にお渡し下さい。
9) 皆様のお荷物は係の者がお部屋までお届けいたします。明朝は７時半に集めに伺いますのでお部屋のドアの前にお出し下さい。
10) ご出発は明朝9時ですので、8時50分までにこの場所にお集まり下さい。

단체 고객 제반 설명

韓国語訳

담당 : 안녕하십니까?

금일 저희 A B C 호텔을 이용해 주셔서 대단히 감사합니다.

1) 책상 위에 알파벳순으로 고객님의 성함이 적힌 봉투가 있습니다. 그 봉투 안에는 객실 키와 내일 아침 조식권이 들어 있습니다.
2) 내일 아침 조식은 1층 커피숍에서 7시부터 이용하실 수 있습니다. 이용하실 때에는 주문하시기 전에 식권을 직원에게 건네주시기 바랍니다.
3) 로비는 2층이고 엘리베이터 버튼 L을 눌러 주십시오.
4) 호텔 객실문은 자동문이기 때문에 외출 시에는 반드시 휴대하시기 바랍니다. 열쇠는 퇴숙하실 때까지 휴대하시기 바랍니다.
5) 전화는 객실로 각각 걸 수 있으므로 6번을 누르고 상대방 객실 번호를 눌러 주십시오.
6) 호텔 밖으로 거실 때에는 0번을 누르고 전화번호를 눌러 주십시오.
7) 비상구 안내는 객실 문 안쪽에 표시되어 있으므로 확인하시기 바랍니다.
8) 조식 이외의 기타 경비는 각각 지불하시기 때문에 퇴숙하실 때 정산해 주십시오. 룸 키도 그때 카운터에 반납 부탁합니다.
9) 여러분의 짐은 담당자가 객실까지 옮겨 드리겠습니다. 내일 아침은 7시 반에 짐수거를 위해 객실로 찾아뵙겠습니다. 문 앞에 내놓으시기 바랍니다.
10) 호텔 출발은 아침 9시이기 때문에 8시 50분까지 이 장소로 모여 주시기 바랍니다.

짐 배달 사례

ベルキャプテン ： お客様、こんにちは。ホテル釜山へようこそ。

客 ： ありがとう。荷物が三つあるんですけど、

ベルキャプテン ： こちらにお預(あず)けください。ベルマンが直ちにお持ちいたします。

客 ： ありがとう。私はフロントデスクにいます。

짐 배달 사례

韓国語訳

벨캡틴 : 손님, 안녕하세요. 부산 호텔에 잘 오셨습니다.
손　님 : 고마워요. 짐이 3개 있는데요.
벨캡틴 : 이쪽에 맡겨 주세요. 벨맨이 바로 갖다드립니다.
손　님 : 고마워요. 저는 프런트 데스크에 있겠어요.

新しい單語

- 預ける : 맡기다.
- お持ちいたす : (짐을) 들어 드리다.
- 直ちに : 곧바로, 즉시

택시를 잡아주는 사례

ベルマン： お客様、こんにちは。タクシーでございますか。

客　　　： はい、急ぎでお願いします。西面に行かなければなりません。何分ぐらいかかりますか。

ベルマン： だいたい20分ぐらいでございます。お近くでございます。タクシーが参りました。

客　　　： ありがとう。

택시를 잡아주는 사례

韓国語訳

벨맨 : 손님, 안녕하세요. 택시 잡아드릴까요?

손님 : 네, 급히 부탁합니다. 서면에 가야 되거든요. 몇 분 정도 걸립니까?

벨맨 : 대체로 20분 정도 걸립니다. 근처에 있어요. 차가 왔습니다.

손님 : 고마워요.

新(あたら)しい単語(たんご)

- タクシーを拾(ひろ)う : 택시를 잡다.
- 相乗(あいの)り : 합승
- 割(わ)り増(ま)し料金(りょうきん) : 할증료
- 参る : 가다/오다의 겸양표현
- 동사 부정형+ なければなりません : ~하지 않으면 안됩니다. (~해야만 합니다.)

벨맨이 손님을 객실로 안내하는 사례

クロック ： お客様のかばんを722号までお願いします。

ベルマン ： こんにちは、お荷物はこれだけでございますか。

客 ： いいえ、あちらにもう一つあります。それもお願いします。

クロック ： お客様のお部屋は722号で、鍵(かぎ)はここに。

ベルマン ： お客様、こちらへどうぞ、エレベーターにご案内いたします。

(エレベーターの中で) 釜山への旅(たび)ははじめてでございますか。

客 ： はい、APTAのミーティングに参加(さんか)しました。

ベルマン ： そうですか。ご滞在いただき誠(まこと)にありがとうございます。

こちらがお客様のお部屋722号でございます。お客様、バックはこちらに置いてもよろしいでしょうか。

客 ： はい、ありがとう。

ベルマン ： カーテンを開くためのスイッチをおつけいたします。

こちらがバスルーム、こちらが冷蔵庫(れいぞうこ)とミニバーでおビールとソフトドリンクがございます。

客 ： ありがとう。ルームサービスはどうやって頼(たの)むのでしょうか。

벨맨이 손님을 객실로 안내하는 사례

韓国語訳

클럭 : 손님 가방 722호까지 부탁합니다.

벨맨 : 안녕하십니까? 손님 짐은 이것뿐이십니까?

손님 : 아니요, 저쪽에 하나 더 있어요. 그것도 좀 부탁합니다.

클럭 : 손님 객실은 722호이고 열쇠는 여기 있습니다.

벨맨 : 손님, 이쪽으로 오십시오. 엘리베이터로 안내하겠습니다.
(엘리베이터 안에서) 부산 여행은 처음이신가요?

손님 : 네, APTA 미팅에 참가했습니다.

벨맨 : 그러시군요. 저희 호텔을 찾아주셔서 정말 감사합니다.
여기가 손님 객실 722호실입니다.
손님 가방은 여기 놓아드려도 될까요?

손님 : 네, 고맙습니다.

벨맨 : 커튼을 열기 위해 스위치를 켜겠습니다. 이쪽이 화장실, 이쪽이 냉장고와 미니바, 맥주와 소프트드링크가 있습니다.

손님 : 고맙습니다. 룸서비스는 어떻게 부탁하나요?

ベルマン　：ダイアル5番がルームサービスで、ランドリーとハウスキーピングは4番、フロントデスクは1番となっております。ほかに何かございますか。

客　：いいえ、ないですよ。はい、これチップです。

ベルマン　：いいえ、お客様、当ホテルではノーチップとなっております。

客　：本当にありがとう。

ベルマン　：どういたしまして。何かほかにご用がございましたらお申しつけくださいませ。

벨맨 : 다이얼 5번이 룸서비스이고, 세탁과 하우스키핑은 4번, 프런트 데스크는 1번으로 되어있습니다. 그 밖에 또 필요하신 것 있으십니까?

손님 : 아니요, 없어요. 이거 팁이에요.

벨맨 : 아닙니다. 손님. 저희 호텔에서는 팁을 받지 않습니다.

손님 : 정말 고마워요.

벨맨 : 천만에요. 뭔가 그 밖에 필요하신 것 있으시면 말씀해 주십시오.

손님과 짐을 함께 엘리베이터로 안내하는 사례

ベルマン ：「失礼します」申し訳ございません。
お荷物遅くなってしまいました。

客 ：はい、ええ、いいですよ。どうぞ、お入りください。

ベルマン ：ここに二つございますが、以上でございますか。

客 ：ええ、そうですよ。えっ、これ私のじゃないですよ。

ベルマン ：本当ですか。お客様の物をご説明いただけますか。

客 ：ええ、私のかばんは茶色で、あまり大きくありません。
ああ、私の小さい方のバッグはこれに似てますが、ラベルが違います。

ベルマン ：誠に申し訳ございません。私どもの間違いでございます。
お客様のかばんには名札が付けてありますでしょうか。

客 ：はい、あります。

ベルマン ：本当に申し訳ございません。下に降りてベルキャプテンと確認して、戻って参ります。

客 ：わかりました。待っています。

ベルマン ：すぐにかばんを持って参ります。

손님과 짐을 함께 엘리베이터로 안내하는 사례

韓国語訳

벨맨 : (노크 소리) 실례합니다. 죄송합니다. 짐이 늦어졌습니다.
손님 : 네, 괜찮아요. 들어오세요.
벨맨 : 여기 2개 있습니다만, 이것뿐이십니까?
손님 : 네, 그래요. 어, 이거 제 것이 아니에요.
벨맨 : 정말입니까? 손님 물건을 설명해 주시겠습니까?
손님 : 네, 제 가방은 초록색이고 그다지 크지 않아요.
아, 제 작은 가방은 이것과 닮았지만 라벨이 달라요.
벨맨 : 대단히 죄송합니다. 저희 실수입니다.
손님 가방에 이름표가 붙어 있습니까?
손님 : 네, 그래요
벨맨 : 정말 죄송합니다. 아래 내려가서 벨캡틴과 확인하고 오겠습니다.
손님 : 알겠어요. 기다리죠.
벨맨 : 즉시 가방을 가져오겠습니다.

新(あたら)しい単語(たんご)

- 遅(おそ)い : 늦다.
- お入(はい)りください。 : 들어오세요.
- 確認(かくにん) : 확인
- 名札(なふだ) : 명찰
- 降(お)る : 내려가다. (위치)

호텔 내 시설물 이용 안내 사례

客　：髪を切りたいのですが、どこかいい所がありますか。

デスク　：はい、このホテル内にもいい美容室がございますよ。

客　：いいわね。それはどこにあるんですか。

デスク　：地下一階にございます。あっ、誠に申し訳ございませんが、本日はお休みとなっております。

客　：残念ですね。ところで、明日、新聞をお願いできますか。

デスク　：確かに承りました。よい一日をおすごし下さいませ。

호텔 내 시설물 이용 안내 사례

韓国語訳

손　님 : 어디 이발할 곳이 있을까요?
데스크 : 네, 이 호텔 내에도 좋은 미용실이 있습니다.
손　님 : 좋군요. 그곳은 어디에 있나요?
데스크 : 지하 1층에 있습니다. 앗, 정말 죄송합니다만, 오늘은 휴무입니다.
손　님 : 아쉽네요. 그런데, 내일 신문을 부탁해도 될까요?
데스크 : 잘 알겠습니다. 좋은 하루 되세요.

新しい単語

- 美容室(びようしつ) : 미용실
- 髪(かみ)を切(き)る : 머리를 자르다.
- 承(うけたまわ)る : 聞(き)く(듣다), 伝(つた)え聞(き)く(전해 듣다), 受(う)ける(받다), 承知(しょうち)する(승낙하다)의 겸양
- 残念ですね : 유감이군요.

룸 체크 리스트 일람표

点検項目	チェックポイント
ドア	チャイム
キー	スムーズさ
照明	汚れ、スイッチ、シーリングランプ、コンセント、コード
テレビ	受信状況、つまみ汚れ
天井	染み、ひび
カーテン	滑り、ほころび、しみ
壁	しみ、汚れ、はがれ、補修、交換
カーペット	しみ、汚れ、疲労度、ほこり
エアコン	状況温度、風量、表示、コントロールパネル
ステーショナリー	便箋、封筒、絵はがき、ボールペン、メモ、メニュー
バスルーム	ドア、バスタブ、シャワーヘッド、ペイスン、トイレ、ミラー
ワードローブ	コートハンガー定数、くつべら、服ブラシ、靴磨き

MEMO

메시지 전달 사례

クロック　：おはようございます。何かご用でございますか。

客　：おはようございます。手紙(てがみ)のチェックとメッセージのチェックをしたいのですが、どこでできますか。

クロック　：お客様は何号室をお使(つか)いでしょうか。

客　：井上キミコで1205号室です。手紙を待っているんですけど。

クロック　：(残念ですが)、手紙は届(とど)いておりませんが。山田様からメッセージが届いております。今コーヒーショップでお待ちのようです。

客　：本当ですか。ありがとう。

메시지 전달 사례

韓国語訳

클럭 : 안녕하세요. 무엇을 도와드릴까요?

손님 : 안녕하세요. 편지 확인과 메시지 확인을 하고 싶은데요.
어디서 할 수 있나요?

클럭 : 손님은 몇 호실을 사용하십니까?

손님 : 이노우에 키미코이고 1205호실입니다. 편지를 기다리고 있는데요.

클럭 : 죄송하지만, 편지는 도착하지 않았습니다.
하지만 야마다씨로부터 메시지가 와 있습니다만, 지금 커피숍에서 기다리고 있는 것 같습니다.

손님 : 정말입니까? 고맙습니다.

약도 안내 사례

客　：あのう、すいません。西面へ行きたいのですが、どうやって行くのが一番いいですか。

クロック　：はい、そうですね。地下鉄を利用されたらいかがですか。

客　：一番近い駅はどこですか。

クロック　：ホテルのすぐ前に駅がございます。

客　：西面までどれぐらい時間がかかりますか。

クロック　：30分ぐらいです。

客　：ちょっとかかりますね。

クロック　：そうですね。

교통수단에 관련된 단어

- バス：버스
- 船：배
- 自転車：자전거
- 歩いて：걸어서
- 飛行機：비행기
- 自動車：자동차
- 電車：전차

약도 안내 사례

韓国語訳

손님 : 저, 죄송합니다. 서면에 가고 싶은데, 어떻게 가는 것이 가장 좋을까요?

클럭 : 네, 그렇군요. 지하철을 이용하는 건 어떠십니까?

손님 : 가장 가까운 역은 어딘가요?

클럭 : 호텔 바로 앞에 역이 있습니다.

손님 : 서면까지 어느 정도 시간이 걸립니까?

클럭 : 30분 정도입니다.

손님 : 좀 걸리네요.

클럭 : 그렇습니다.

新しい単語

- 手紙 : 편지
- 届く : 닿다, 도착하다.
- 地下鉄 : 지하철
- 手紙を出す : 편지를 부치다.
- かかる : (시간, 비용이) 걸리다.

교통편 및 식당 안내 사례

客　：あのう、海雲台までここからどれぐらいかかりますか。

クロック　：あまり遠くはないですよ。タクシーでここから20分ぐらいです。

客　：それでは歩いて行けますか。

クロック　：歩いていけますが、歩くには少し遠いと思います。

客　：ホテルのシャトルバスはどこですか。

クロック　：はい、シャトルバスの停留所はあちらでございます。

客　：そうですか。シャトルバスを利用します。いつ来ますか。

クロック　：1時間に1本まいります。次は20分にまいります。

客　：それでは、どこかディナーにいい所がありますか。

クロック　：ステーキハウスはいかがですか、いろいろなステーキとサラダが安い値段で召し上がれます。

客　：それはいいですね。

クラーク　：ご予約なさいますか。

客　：はい、お願いします。ありがとうございます。

교통편 및 식당 안내 사례

韓国語訳

손님 : 저, 해운대까지 여기서 얼마나 걸리나요?
클럭 : 그다지 멀진 않습니다. 택시로 여기서 20분 정도입니다.
손님 : 그럼 걸어서 갈 수 있습니까?
클럭 : 걸어서 갈 수 있습니다만, 걸어서는 조금 멀다고 생각합니다.
손님 : 호텔 셔틀버스는 어딘가요?
클럭 : 네, 셔틀버스 정류장은 저쪽에 있습니다.
손님 : 그렇습니까? 그럼 셔틀버스를 이용하겠어요. 언제 옵니까?
클럭 : 매시간 마다 있습니다. 다음 것은 20분에 옵니다.
손님 : 그럼, 어디 식사하기 좋은 곳 있을까요?
클럭 : 저는 스테이크 하우스를 권해드리고 싶습니다만, 여러 가지 스테이크와 샐러드가 있고, 싼 가격에 드실 수 있습니다.
손님 : 그것 괜찮네요.
클럭 : 예약하시겠습니까?
손님 : 네, 부탁합니다. 고맙습니다.

新(あたら)しい単語(たんご)

- 召(め)し上(あ)がる : 잡수시나, 드시나. (먹다/ 마시다의 존경표현)
- あまり+부정 : 그다지, 별로
- シャトルバス : 셔틀버스

음식에 관련된 단어

- トンカツ : 돈가스
- てんぷら : 튀김
- すきやき : 전골
- 焼(や)き飯(めし) : 볶음밥
- ラーメン : 라면
- 刺身(さしみ) : 생선회
- のり巻(ま)き : 김밥
- うどん : 우동
- おにぎり : 주먹밥
- すぶた : 탕수육

문법

경어 표현

경어란? 일본어의 경어에는 상대방을 높이는 존경어, "나"를 낮추는 겸양어, ~입니다 체인 정중어 세 종류가 있다. 일본어 경어 표현의 특징은 "내 쪽"이냐 "상대방 쪽"이냐 하는 개념이다. "내 쪽"사람은 무조건 낮추고, "상대방 쪽" 사람은 높여야 하는데 특히 가족이나 같은 직장에 있는 사람을 남에게 말할 때 주의해야 한다.

1. 일본어 경어의 특징

1) 경어의 종류

尊敬語(존경어): 상대를 높이는 표현, ~하시다.

謙譲語(겸양어): 자신을 낮추는 표현, ~해 드리다.

丁寧語(정중어): 듣는 사람에게 정중하게 말하는 표현, ~입니다.

* 존경어와 겸양어는 결과적으로 상대방을 높여주고 나를 낮추는 것으로 "상대방"이 주어일 때 존경어를 쓰고, "내"가 주어일 때 겸양어를 사용한다. 겸양어는 우리말로 번역했을 때 보통표현과 차이가 없지만, 겸양의 뜻이 표현 자체에 들어 있다고 생각하면 된다.
* 도표로 존경어와 겸양어의 간단한 표현을 살펴보면 다음과 같다.

보통어	존경어	겸양어
する 하다.	なさる 하시다.	いたす 해 드리다.
來る 오다.	いらっしゃる 오시다. おいでになる 오시다. お越(こ)しになる 오시다. お見えになる 오시다.	まいる、うかがう 오다.
行く 가다.	いらっしゃる 가시다.	まいる、うかがう 가다.
いる 있다. (사람, 동물 생명체)	いらっしゃる 계시다. おいでになる 계시다.	おる 있다.
訪(たず)ねる 방문하다.		うかがう 찾아뵙다.
訪問(ほうもん)する 방문하다.		おじゃまする 찾아뵙다.
言う 말하다.	おっしゃる 말씀하시다.	申(もう)す、말씀드리다. 申し上げる
思う 생각하다.		存(ぞん)じる 생각하다.
知(し)る 알다.	ご存じだ 알고 계시다.	存じている 알고 있다.
食べる 먹다.	召(め)し上がる 잡수시다.	いただく 먹다, 들다.
飲む 마시다.	召しあがる 잡수시다.	いただく 먹다, 들다.
着(き)る 입다.	お召しになる 입으시다.	
会(あ)う 만나다.		お目にかかる 만나뵙다.
聞(き)く 듣다.	お聞きになる 들으시다.	うかがう 듣다, 경청하다. うけたまわる
見せる 보이다.		お目にかける 보여드리다. ご覧(らん)にいれる
見る 보다.	ご覧になる 보시다.	拝見(はいけん)する 삼가 보다.
上げる 주다. (내가 남에게)		差(さ)し上げる 드리다.
もらう 받다.		~に、から いただく 받다.
くれる 주시다.		くださる 주시다.
わかる 알다, 이해하다.		承知(しょうち)する 알다. かしこまる 알다.
寝(ね)る 자다.	お休みになる 주무시다.	やすむ 쉬다.
死ぬ 죽다.	なくなる 돌아가시다.	
*有(あ)る 있다.		ござる 있다.
*です입니다.	でいらっしゃいます 이십니다.	でございます 입니다. (이옵니다)

2. 존경 표현

1) お+動詞マス형+になる ~하시다. (대부분의 동사를 존경어로 만들 수 있다)

買(か)う 사다. ~お買いになる 사시다. (구입하시다)

書(か)く 쓰다. ~お書きになる 쓰시다.

使(つか)う 사용하다. ~お使いになる 사용하시다.

* 단 見る와 같이 ます형 앞에 음이 한 음절인 경우에는 이 형태로 바꿀 수 없다.

見る 보다. ~ご覧(らん)になる 보시다. (0) お見になる (ㅡ)

2) お+くださる、ください ~해 주시다, ~해 주세요.

(정중하게 의뢰할 때 많이 사용한다)

(ご)+くださる、ください ~해 주시다, ~해 주세요.

お待ちください。기다려 주십시오.

お伝えください。전해 주십시오.

ご記入(きにゅう)ください。기입하여 주십시오.

* 존경어의 의뢰 표현법에는

お+동사 ます형+になってください

ご+한자어+ください나 お+동사 ます형+ください 등이 있다.

お待ちください。お待ちになってください。기다려 주십시오.

3. 형용사와 명사의 존경어 표현

형용사와 명사도 존경어 표현을 할 수 있는데, 단어 앞에 お나 ご를 넣으면 된다. 우리말에는 대부분의 형용사를 '~시다'로 표현할 수 있지만 일본어에서는 모든 형용사에 お나 ご를 붙일 수 있는 것은 아니므로 자주 쓰는 표현 위주로 익혀 보자.

忙しいーーお忙しい 바쁘시다.

若(わか)いーーーお若い 젊으시다.

暇(ひま)だーーーおひまだ 한가하시다.

名前(なまえ)이름ーーお名前 성함, 電話(でんわ)전화ーーお電話전화

意見(いけん)의견ーーご意見 고견, 注文(ちゅうもん)주문ーーご注文주문

住所(じゅうしょ)주소ーーご住所 주소

* おもしろい 재미있다.　　お+おもしろい 재미있으시다.(-)
이밖에 お+花, お+はし, お+酒처럼 おい ご를 붙여서 말하는 경우가 있는데 이 때는 존경의 뜻이 있는 것이 아니라 말을 듣기 좋게 하기 위해 사용하는 말로 美化語라고 한다. 주로 여성들이 많이 쓴다.

* 회화에서 자주 사용하는 경어표현

보통체	경어체
いいですか。좋습니까?	よろしいですか。좋으십니까?
どうですか。어떻습니까?	いかがですか。어떠십니까?
だれですか。누굽니까?	どなたですか。어느 분입니까? どなたさまですか。
しますか。합니까?	なさいますか。하십니까?
できますか。할 수 있습니까?	おできになりますか。하실 수 있습니까?
待ってください。기다리세요.	お待ちになってください。기다려 주십시오.
書いて 쓰고	お書きになって 쓰시고
あったら、있으면	ありましたら、おありでしたら 있으시면
だったら ~라면	でしたら ~라면
~て(で)います ~하고 있습니다.	~て(で)いらっしゃいます。~하고 계십니다. (존경) ~て(で)おります。~하고 있습니다. (겸양)

4. 겸양 표현

1) お + 동사 ます형 + する 또는 いたす。~해 드리다.
ご + 한자어 + する 또는 いたす。~해 드리다.
ご紹介(しょうかい)します。소개 해 드리겠습니다.
お待ちしましょうか。기다려 드릴까요?
お電話いたします。전화 드리겠습니다.

2) (상대방으로부터 은혜를 입은 경우) 또는 내가 부탁해서 ~해 받는 경우
お + 동사 ます형 + いただく ~해 주시다. (상대방이 내게)
ご + 한자어 + いただく ~해 주시다.
ちょっと、<u>お待ちいただければ</u> 잠시 기다려 주시면

興味のある方は ご参加いただきたいとおもいます。
흥미 있는 분은 참가해 주셨으면 합니다.

3) お + 동사 ます형 + 願う 하시길 바랍니다.
ご+한자어+願う
お調べ願います。조사를 부탁드립니다.
ご注意願います。주의를 부탁드립니다.
お知らせ願います。알려 주시기 바랍니다.
* 동사 사역형 + せて + いただきます。는 동사 + ます형 보다 정중한 겸양표현 させて

1그룹동사
+ せて + いただきます。~하겠습니다.
する동사
* お先に失禮します。= お先に失禮させていただきます。
* 明日、休みます。= 明日、休ませていただきます。
* お先に歸ります。= お先に歸らせていただきます。

2그룹동사
+ させて + いただきます。~하겠습니다.
くる동사

동사음편형 정복

1. 1그룹동사

기본형 어미가 う단『う、く、ぐ、す、つ、ぬ、ぶ、む、る』로 끝나는 동사와 기본형 어미가 ~る로 끝나더라도 る앞이 い단이나 え단이 아닌 동사

習う(배우다) 書く(쓰다) 話す(말하다) 待つ(기다리다) 飛ぶ(날다) 読む(읽다)

死ぬ(죽다) 聞く(듣다) ある(있다)

2. 2그룹동사

기본형 어미가 ~る로 끝나고 그 앞의 음이 い단
(い、き、し、ち、に、ひ、み、り)인 동사

見る(보다) 起きる(일어나다) いる(있다)

3. 2그룹동사

기본형 어미가 ~る로 끝나고 그 앞의 음이 え단
(え、け、せ、て、ね、へ、め、れ)인 동사

教える(가르치다) 食べる(먹다) 並べる(늘어놓다)

4. 3그룹동사

くる(来る) (오다)

する (하다)

* 동사 +『ます形』

1그룹동사 + (어미를 い段으로 고치고 ます를 접속)

なら う(배우다) ⟶ ならいます(배웁니다)
かく(쓰다) ⟶ かきます(씁니다)
まつ(기다리다) ⟶ まちます(기다립니다)
のむ(마시다) ⟶ のみます(마십니다)
ある(있다) ⟶ あります(있습니다)

2그룹동사 + (어미 る를 떼어내고 ます를 접속)

みる(보다) ⟶ みます(봅니다)
おきる(일어나다) ⟶ おきます(일어납니다)
とじる(닫다) ⟶ とじます(닫습니다)

2그룹동사 + (어미 る를 떼어내고 ます를 접속)

たべる(먹다) ⟶ たべます(먹습니다)
おしえる(가르치다) ⟶ おしえます(가르칩니다)
つとめる(근무하다) ⟶ つとめます(근무합니다)

3그룹동사『くる』『する』+ ます

くる(오다) ⟶ きます(옵니다)
する(하다) ⟶ します(합니다)

* 동사의 음편(動詞의 音便) (1그룹동사)의 (ます형)에서 일어남

- **い음편**: 기본형 어미가『く』『ぐ』로 끝나는 동사의 ます형에『て』『た』『たり』가 이어질 때, 연용형 어미『き』『ぎ』가『い』로 변한다.

예) 書(か)く ⟶ 書(か)きます ⟶ 書(か)いて(쓰고, 써서, 써)
(쓰다) 書いた(썼디)
書いたり(쓰기도 하고, 쓰거나)

歩(ある)く ⟶ 歩(ある)きます ⟶ 歩(ある)いて(걷고, 걸어서, 걸어)
(걷다) 歩いた(걸었다)
歩いたり(걷기도 하고, 걷거나)

泳(およ)ぐ ⟶ 泳(およ)ぎます ⟶ 泳(およ)いで(헤엄치고, 헤엄쳐서)
(헤엄치다) 泳いだ(헤엄쳤다)
泳いだり(헤엄치거나)

急(いそ)ぐ ⟶ 急(いそ)ぎます ⟶ 急(いそ)いで(서두르고)
(서두르다) 急いだ(서둘렀다)
急いだり(서두르거나)

[참고: 어미가『ぐ』로 끝나는 동사는 어미가『い』로 바뀌고 뒷말에 탁음이 붙는다]

- **つまる음편**: 기본형 어미가『う』『つ』『る』로 끝나는 5단 동사의ます형에『て』『た』『たり』가 이어질 때,『う』『つ』『る』가 촉음『っ』로 변한다.

예) 習(なら)う ⟶ 習(なら)います ⟶ 習(なら)って(배우고, 배워서, 배워)
(배우다) 習った(배웠다)
習ったり(배우기도 하고)

예) 思(おも)う ⟶ 思(おも)います ⟶ 思(おも)って(생각하고, 생각해서)
(생각하다) 思った(생각했다)
思ったり(생각하기도 하고)

立(た)つ ⟶ 立(た)ちます ⟶ 立(た)って(세우고, 세워서, 세워)
(세우다) 立った(세웠다)
立ったり(세우기도 하고)

待(ま)つ ⟶ 待(ま)ちます ⟶ 待(ま)って(기다리고, 기다려서)
(기다리다) 待った(기다렸다)
待ったり(기다리기도 하고)

わか ⟶ るわかります ⟶ わかって(알고, 알아서 알아)
(알다)　　　　　　　　わかった(알았다)
　　　　　　　　　　　わかったり(알기도 하고)

終る ⟶ 終ります ⟶ 終って(끝나고, 끝나고, 끝나)
(끝나다)　　　　　　　終った(끝났다)
　　　　　　　　　　　終ったり(끝나기도 하고)

■ **はねる음편**: 기본형 어미가『ぬ』『ぶ』『む』로 끝나는 동사에『て』『た』『たり』가 이어질 때,『ぬ』『ぶ』『む』가『ん』으로 바뀌고 뒷말에 탁음이 붙어『で』『だ』『だり』가 된다.

예) 死ぬ ⟶ 死にます ⟶ 死んで(죽고, 죽어서, 죽어)
(죽다)　　　　　　　　死んだ(죽었다)
　　　　　　　　　　　死んだり(죽기도 하고)

学ぶ ⟶ 学びます ⟶ 学んで(배우고, 배워서)
(배우다)　　　　　　　学んだ(배웠다)
　　　　　　　　　　　学んだり(배우기도 하고)

飛ぶ ⟶ 飛びます ⟶ 飛んで(날고, 날아서, 날아)
(날다)　　　　　　　　飛んだ(날았다)
　　　　　　　　　　　飛んだり(날기도 하고)

読む ⟶ 読みます ⟶ 読んで(읽고, 읽어서, 읽어)
(읽다)　　　　　　　　読んだ(읽었다)
　　　　　　　　　　　読んだり(읽기도 하고)

休む ⟶ 休みます ⟶ 休んで(쉬고, 쉬어서, 쉬어)
(쉬다)　　　　　　　　休んだ(쉬었다)
　　　　　　　　　　　休んだり(쉬기도 히고)

■ 음편이 일어나지 않는 동사: 1그룹 동사 중 어미가『す』로 끝나는 동사는 음편이 없으며, 2그룹동사, 3그룹 동사도 음편이 없다.『ます』형에『て』『た』『たり』를 쓰면 된다.

예) 어미가『す』로 끝나는 1그룹동사

話す ⟶ 話します ⟶ 話して(말하고, 말해서)
(말하다) 話した(말했다)
話したり(말하기도 하고)

2그룹동사

예) 起きる ⟶ 起きます ⟶ 起きて(일어나고, 일어나서)
(일어나다) 起きた(일어났다)
起きたり(일어나기도 하고)

見る ⟶ 見ます ⟶ 見て(보고, 보아서, 보아)
(보다) 見た(보았다)
見たり(보기도 하고)

2그룹동사

예) 教える ⟶ 教えます ⟶ 教えて(가르치고, 가르쳐서)
(가르치다) 教えた(가르쳤다)
教えたり(가르치기도 하고)

出る ⟶ 出ます ⟶ 出て(나가고, 나가서, 나가)
(나가다) 出た(나갔다)
出たり(나가기도 하고)

3그룹동사

『くる』(来る)동사

예) くる ⟶ きます ⟶ きて(오고, 와서, 와)
(오다) きた(왔다)
きたり(오기도 하고)

『する』 동사

예) する ⟶ します ⟶ して(하고, 해서, 해)
(하다) した(했다)
したり(하기도 하고)

■ **예외:** 『行く(가다)』동사는 『く』로 끝났지만 つまる음편이 된다.

예) 行(い)く ⟶ 行(い)きます ⟶ 行(い)って(가고, 가서, 가)
(가다) 行った(갔다)
行ったり(가기도 하고)

저자약력

김홍길

前 일본관광협회 한국자문위원
現 경남정보대학교 호텔관광경영계열 교수

〈저서〉
JPT 시험 이렇게 나온다 450점–시사영어사
JPT 시험 이렇게 나온다 600점–시사영어사
JPT 시험 이렇게 나온다 800점–시사영어사
호텔일본어 회화–백산출판사
항공일본어 회화–백산출판사
호텔서비스 일본어–백산출판사
카지노 실무일본어 회화–새로미
호텔레스토랑 실무일본어 회화–새로미
JLPT 3급 기출문제1, 2–백산출판사 그 외 다수

호텔서비스 실무 일본어

2019년 7월 30일 초판 1쇄 발행
2023년 1월 10일 초판 3쇄 발행

지은이 김홍길
펴낸이 진욱상
펴낸곳 (주)백산출판사
교　정 편집부
본문디자인 이문희
표지디자인 오정은

저자와의 합의하에 인지첩부 생략

등　록 2017년 5월 29일 제406-2017-000058호
주　소 경기도 파주시 회동길 370(백산빌딩 3층)
전　화 02-914-1621(代)
팩　스 031-955-9911
이메일 edit@ibaeksan.kr
홈페이지 www.ibaeksan.kr

ISBN 979-11-89740-66-5 93730
값 22,000원